Stilkes Rechtsbibliothek Nr. 157
Die Gesetze des Deutschen Reichs mit systematischen Erläuterungen

Das Recht der Schutzhaft

von

Dr. Werner Spohr

1 9 3 7
Verlag von Georg Stilke in Berlin

Druck von Gerhard Stalling, Oldenburg i. O.

Vorwort.

Meine das Recht der Schutzhaft erstmalig geschlossen darstellenden Ausführungen in der „Deutschen Justiz" 1934 S. 58 ff. bilden, wenn sie auch nur noch zum Teil auf das heutige Recht zutreffen, die Grundlage dieser Schrift. In ihr wird eine Übersicht über das gesamte Recht der Schutzhaft gegeben. Es werden zunächst die Rechtsgrundlagen sowie Zweck und Ziel der Verhängung von Schutzhaft dargestellt, sodann die Verhängung und Vollstreckung von Schutzhaft und die Zuständigkeit. Die Fragen der Zulässigkeit von Rechtsmitteln, der Anrechnung der Schutzhaft auf eine gerichtliche Strafe, der Rechtsvertretung des Schutzhäftlings werden weiterhin erörtert. Abschließend werden die Auswirkungen der Schutzhaft auf das Arbeitsverhältnis, die Sozialversicherung und die öffentliche Fürsorge dargestellt. Die einschlägigen gesetzlichen Bestimmungen und wichtige gerichtliche Entscheidungen sind im zweiten Teil im Wortlaut wiedergegeben. Von der Beigabe eines Sachverzeichnisses wurde abgesehen, das ausführlich gegliederte Inhaltsverzeichnis gestattet eine leichte Übersicht.

Kiel, Dezember 1936.

Dr. Spohr.

Inhaltsverzeichnis.

Schrifttum.

Berger: Sind politische Maßnahmen, insbesondere Schutzhaftbefehle, der richterlichen Nachprüfung entzogen? Jur. Wochenschrift 1934, S. 14.

Boehr: Nochmals die Schutzhaft gemäß der Verordnung vom 28. Februar 1933. Jur. Wochenschrift 1933, S. 2499.

Fuisting: Schutzhaft und Sozialversicherung, Arbeiter-Versorgung 1933, S. 361.

Hoche: Die Verordnungen zum Schutz von Volk und Staat und gegen Verrat am deutschen Volke. Deutsche Juristen-Zeitung 1933, Spalte 394.

— Die Schutzhaft nach der Verordnung vom 28. Februar 1933. Deutsche Juristen-Zeitung 1933, Spalte 1940.

Kelz: Zur Anrechnung von Schutzhaft auf die Strafe. Deutsche Justiz 1936, S. 1609.

Lauer: Die polizeirechtliche Bedeutung der Verordnung zum Schutz von Volk und Staat. Reichsverwaltungsblatt 1935, S. 168.

— Die richterliche Nachprüfung polizeilicher Maßnahmen. Jur. Wochenschrift 1934, S. 2832.

Lüdtke: Die Schutzhaft gemäß der Verordnung vom 28. Februar 1933. Jur. Wochenschrift 1933, S. 2241.

Neubert: Die Schranken richterlichen Prüfungsrechts bei staatspolitischen Handlungen der Verwaltung. Jur. Wochenschrift 1933, S. 2426.

Schack: Richterliche Kontrolle von Verwaltungsakten im neuen Staat. Reichsverwaltungsblatt 1934, S. 592.

Spohr: Das Recht der Schutzhaft, Deutsche Justiz 1934, S. 58.

— Blatt „Schutzhaft" in der Arbeitsrecht-Kartei (mehrfach aufgelegt, zuletzt Heft 563 vom 3. Juni 1936).

— Schutzhaft und Sozialversicherung. Volkstümliche Zeitschrift für die gesamte Sozialversicherung 1934, S. 67.

— Ruht die Rente, solange sich der Berechtigte in Schutzhaft befindet? Deutsche Invalidenversicherung 1934, S. 39.

— Schutzhaft und Arbeitsrecht. Der Betrieb (Führer und Informationsorgan der NSBO.) 1934, Heft 7.

— Schutzhaft und Ruhen der Versicherungsleistungen. Zentralblatt für Reichsversicherung und Reichsversorgung 1934, S. 440.

— Das Recht der Schutzhaft. Der Gendarm 1935, S. 482 und 498.

— Das Recht der Schutzhaft. Der Deutsche Verwaltungsbeamte 1936, S. 671.

Stuckart: Nationalsozialistischer Staat und Verwaltungsgerichtsbarkeit. Deutsche Verwaltung 1935, S. 161.

Tesmer: Die Schutzhaft und ihre rechtlichen Grundlagen. Deutsches Recht 1936, S. 135.

Voigt: Schutzhaft als Grund zur fristlosen Entlassung. Reichsverwaltungsblatt 1936, S. 424.

Warth: Das Recht der Schutzhaft (unter Verwertung einer von Spohr zur Verfügung gestellten Arbeit). Württembergisches Polizeiblatt 1936, S. 1.

Erster Teil.

Darstellung des Rechts der Schutzhaft.

Erster Abschnitt:

Die Rechtsgrundlagen der Verhängung von Schutzhaft.

Die Rechtsgrundlagen der Schutzhaft haben seit dem ersten Anlaß, der zur Einführung dieser Institution in das Deutsche Recht führte, dem Reichstagsbrand am 27. Februar 1933, gewisse Wandlungen durchgemacht. Das wesentliche Kennzeichen dieser Wandlungen ist, daß die Anwendung der Schutzhaft in zunehmendem Maße unter strenge Bedingungen gestellt worden ist. Die Rechtsgrundlagen der Schutzhaft werden jetzt durch eine Verordnung des Reichspräsidenten aus dem Jahre 1933 und einen Erlaß des Reichsministers des Innern an die Landesregierungen und die Reichsstatthalter aus dem Jahre 1934 gebildet.

I. Die Verordnung des Reichspräsidenten vom 28. Febr. 1933.

Schutzhaft wird auf Grund der unverändert in Geltung befindlichen Verordnung des Reichspräsidenten zum Schutz von Volk und Staat vom 28. Februar 1933 (RGBl. I S. 83) verhängt (abgedruckt nachstehend S. 59). § 1 dieser Verordnung hat die Artikel 114, 115, 117, 118, 123, 124 und 153 der Weimarer Verfassung des Deutschen Reichs bis auf weiteres außer Kraft gesetzt. Es sind daher seitdem Beschränkungen der persönlichen Freiheit, des Rechts der freien Meinungsäußerung, einschließlich der Pressefreiheit, des Vereins- und Versammlungsrechts, Eingriffe in das Brief-, Post-, Telegraphen- und Fernsprechgeheimnis, Anordnungen von Haussuchungen und von Beschlagnahmen sowie Beschränkungen des Eigentums auch außerhalb der sonst hierfür bestimmten gesetzlichen Grenzen zulässig.

Mit allen anderen Grundrechtsartikeln der Weimarer Verfassung, die Artikel 48 Absatz 2 der Reichsverfassung dem

Reichspräsidenten zur Verfügung stellte, ist auch Artikel 114 aufgehoben. Dort war bestimmt: „Die Freiheit der Person ist unverletzlich. Eine Beeinträchtigung oder Entziehung der persönlichen Freiheit durch die öffentliche Gewalt ist nur auf Grund von Gesetzen zulässig. Personen, denen die Freiheit entzogen wird, sind spätestens am darauffolgenden Tage in Kenntnis zu setzen, von welcher Behörde und aus welchen Gründen die Entziehung der Freiheit angeordnet worden ist; unverzüglich soll ihnen Gelegenheit gegeben werden, Einwendungen gegen ihre Freiheitsentziehung vorzubringen." Die Außerkraftsetzung des Grundrechts der Unverletzbarkeit der persönlichen Freiheit bildet die Rechtsgrundlage der Verhängung von Schutzhaft. Sie war bereits bei ihrer Schaffung in vollem Umfange verfassungsmäßig und daher ohne jede Einschränkung rechtsgültig und ist es erst recht im heutigen Führerstaat.

II. **Der Erlaß des Reichsministers des Innern vom 12. April 1934** an die Landesregierungen (für Preußen an den Ministerpräsidenten und den Minister des Innern) und die Reichsstatthalter (I 33 11 A. 28/27), der amtlich nicht veröffentlicht wurde, dessen wesentlicher Inhalt aber der Öffentlichkeit durch die Tagespresse bekannt gegeben worden ist (vgl. Völkischer Beobachter Nr. 104 vom 14. April 1934), ist noch in Kraft und bildet weiterhin die Grundlage der Verhängung von Schutzhaft im einzelnen[1]). Er stellt sich rechtlich als eine Ausführungsverordnung zu § 1 der Verordnung vom 28. Februar 1933 dar und bezweckt eine einheitliche Handhabung der Schutzhaft im ganzen Reichsgebiet unter Vermeidung von Mißbräuchen und Willkürakten. Sein Inhalt ist in den nach-

[1]) Früher waren in Preußen maßgebend: 1. Verordnung betr. die Ergänzung der Verordnung vom 1. Oktober 1933 (GS. S. 213) zur Regelung der Zuständigkeit der Landes- und Kreispolizeibehörden vom 2. März 1933 (GS. S. 33); 2. Verordnung betr. die Ergänzung der Verordnungen vom 1. Oktober 1931 und 2. März 1933 (GS. S. 1931 S. 213 und 1933 S. 33) zur Regelung der Zuständigkeit der Landes- und Kreispolizeibehörden vom 26. April 1933 (GS. S. 127); 3. Erlaß des Preußischen Ministers des Innern vom 3. März 1933 (MBl. i. V. V S. 233). Kurz vor dem Erlaß des Reichsministers des Innern hatte der Preußische Ministerpräsident in einem Erlaß vom 11. März 1934 eine völlige Neuregelung der Schutzhaft getroffen. Dieser Erlaß ist durch den oben herangezogenen Erlaß des Reichsministers des Innern vom 12. April 1934 überholt.

stehenden Ausführungen verarbeitet. Der Abdruck im Wortlaut ist nicht möglich.

III. Verwandte Institutionen.

Die Schutzhaft ist keineswegs etwas in jeder Beziehung Neues — wie immer wieder von Feinden des neuen Deutschlands im Ausland behauptet wird —, trotzdem ihre Ausgestaltung in Verfolg der nationalsozialistischen Revolution ausgeprägte Eigenarten aufweist. Wenn man von dem Festnahmerecht der Polizei nach §§ 112 ff. StPO. und — um nur das preußische Recht zu erwähnen — §§ 14, 15 des Polizeiverwaltungsgesetzes (früher § 10 Teil 2 Titel 17 ALR.) absieht, bleibt festzustellen, daß schon vor der Verordnung des Reichspräsidenten in Preußen auch bereits früher eine Art politischer Schutzhaft staatsgefährlicher Personen zulässig war, und zwar nicht erst, wie vielfach irrig angenommen wurde, nur nach Verhängung des Ausnahmezustandes, sondern auch ohne solche Kraft positiven Rechtes. § 6 des Gesetzes zum Schutze der persönlichen Freiheit vom 12. Februar 1850 bestimmt: Die im § 3 genannten Behörden, Beamten und Wachtmannschaften (das sind die Polizeibehörden und andere Beamte, die nach den bestehenden Gesetzen die Pflicht haben, Straftaten nachzuforschen) „sind befugt, Personen in polizeiliche Verwahrung zu nehmen, wenn der eigene Schutz dieser Personen oder die Aufrechterhaltung der öffentlichen Sittlichkeit, Sicherheit und Ruhe diese Maßregel dringend erfordern. Die polizeilich in Verwahrung genommenen Personen müssen jedoch spätestens im Laufe des folgenden Tages in Freiheit gesetzt oder es muß in dieser Zeit das Erforderliche veranlaßt werden, um sie der zuständigen Behörde zu überweisen". Die (politische) Schutzhaft auf Grund dieser Bestimmung unterliegt also weitgehenden Schranken. Die Schutzhaft auf Grund der Verordnung vom 28. Februar 1933 ist solchen Schranken nicht unterworfen. Sie besitzt eine durchaus eigene Regelung.

Zweiter Abschnitt:

Zweck und Ziel der Schutzhaft.

Zweck und Ziel der Schutzhaft sind ganz allgemein die Sicherung des Aufbaus des neuen Staates gegenüber seinen Feinden innerhalb der Grenzen des Reiches.

I. Keine Beschränkung auf die Niederhaltung des Kommunismus oder überhaupt politische Anlässe.

Wenn die Verordnung vom 28. Februar 1933 mit den Worten beginnt: „Auf Grund des Artikels 48 Abs. 2 der Reichsverfassung wird zur Abwehr kommunistischer staatsgefährlicher Akte folgendes verordnet:", so ist daraus nicht zu folgern, daß der Zweck der Schutzhaft lediglich die Abwehr des Kommunismus sei. Es soll mit diesen Einleitungsworten keine grundsätzliche Richtlinie für die Anwendung der Maßnahmen nach der Verordnung gegeben werden. Die Einleitungsworte geben vielmehr nur das Motiv der Verordnung an. Sie sind so zu verstehen, als wenn sie das Wort „kommunistisch" im Sinne einer Einschränkung nicht enthielten (Standpunkt der Praxis, dem beizupflichten ist). Die Inschutzhaftnahme kann deshalb keineswegs nur aus politischen Gründen erfolgen. Das bedarf, da es immer wieder angezweifelt wird, noch etwas näherer Begründung:

1. Der Erlaß des Reichsministers des Innern vom 12. April 1934 bringt das zum Ausdruck, wenn er die Verhängung der Schutzhaft — außer zum eigenen Schutz des Häftlings — für zulässig erklärt, wenn der Häftling durch sein Verhalten, „insbesondere durch staatsfeindliche Betätigung", die öffentliche Ordnung und Sicherheit unmittelbar gefährdet.

2. Das Landgericht Berlin hat in seinem Urteil vom 1. November 1933, 276. O. 10088/33 (vollständig S. 67 abgedruckt) festgestellt: daß der Gesetzgeber bei Erlaß der Verordnung vom 28. Februar 1933 die notwendige rechtliche Grundlage für ein Vorgehen gegen den Kommunismus schaffen wollte, erhellt deutlich aus der Einleitung der Verordnung. Aus diesem Motiv kann aber nicht geschlossen werden, daß die Verordnung nur gegen ganz bestimmte Personen anwendbar ist. Vielmehr ist das Landgericht Berlin der Auffassung, daß die Verordnung des Reichspräsidenten stets dann anzuwenden ist, wenn ihre Anwendung zur Wiederherstellung der öffentlichen Sicherheit und Ordnung erforderlich erscheint, und zwar nicht nur gegen Kommunisten, sondern gegen jeden, der durch sein Verhalten ein Eingreifen der Staatsgewalt notwendig macht. „Überdies werden alle gegen die öffentliche Sicherheit und Ordnung als gegen den Bestand des Staates gerichteten Angriffe als kommunistische im weitesten Sinne aufzufassen sein."

3. Aus dem Urteil des Reichsgerichts vom 22. Oktober 1934, IV 145/34, RGZ. Bd. 145 S. 369: „Soweit endlich die Revision meint, die Maßnahme der Organe der Beklagten liefen auf eine Enteignung der Klägerin hinaus und einen Entschädigungsanspruch aus Art. 153 RVerf. herleiten zu können glaubt, scheitert die Klagebegründung schon daran, daß diese Vorschrift der RVerf. durch § 1 RPräsVO. zum Schutz von Volk und Staat v. 28. Februar 1933 (RGBl. I, 83) bis auf weiteres außer Kraft gesetzt ist. Allerdings wird als Zweck der auf Grund des Art. 48 Abs. 2 RVerf. erlassenen VO. in deren Eingang die Abwehr kommunistischer staatsgefährdender Gewaltakte angegeben. Daraus kann aber nicht gefolgert werden, daß die Vorschrift des Art. 153 nur insoweit aufgehoben sei, als es der Zweck der Abwehr kommunistischer staatsgefährdender Gewaltakte erforderlich machte. Denn der entscheidende § 1 der VO. spricht deutlich die Außerkraftsetzung des Art. 153 schlechthin aus, mit der einzigen Maßgabe, daß das nur bis auf weiteres zu gelten habe."

4. Aus dem Urteil des Preußischen Oberverwaltungsgerichts vom 25. Oktober 1934, III C. 87/34, Jur. Wochenschrift 1935 S. 1272: „Dagegen bleibt eine polizeiliche Verfügung, die sich auf die VO. v. 28. Februar gründet, von zwei anderen Voraussetzungen abhängig. Sie muß als polizeiliche Verfügung nach allgemeinen Rechtsgrundsätzen der Erhaltung oder Wiederherstellung der öffentlichen Sicherheit oder Ordnung dienen (vgl. hierzu § 2 VO.). Sie ist aber weiterhin durch die Zweckbestimmung der VO., die nach ihren Eingangsworten der „Abwehr kommunistischer staatsgefährdender Gewaltakte" dienen soll, auf das Gebiet der politischen Polizei . . . beschränkt. Die in § 1 den Behörden verliehenen außerordentlichen Vollmachten rechtfertigen sich aus dem Bedürfnis der inneren und äußeren Sicherung des Bestandes der neu erwachsenen nationalsozialistischen Staatsform: es ist z. B. nicht daran gedacht, daß auf Gebieten, wie dem der Wasser-, der Wege-, der Jagdpolizei usw. die Polizeibehörden nunmehr ein schrankenloses Ermessen sollten walten lassen können. Dagegen fordert die zwingende und überragende Notwendigkeit der Festigung des neuen Staatsgedankens, daß auf politischem Gebiete die Grenzen dieses Ermessens soweit als irgend möglich erstreckt werden. So wird ein Einschreiten auf Grund der VO. u. a. schon durch die bloß mittelbare Gefahr gerechtfertigt, die dem Staat dadurch entsteht, daß in der Öffentlichkeit Meinungen verbreitet

werden, die sich als Ausdruck der Unzufriedenheit mit der neuen Ordnung der Dinge kennzeichnen und damit dem Wiederauftauchen kommunistischer Bestrebungen den Boden zu bereiten geeignet sind.

5. Aus dem Urteil des Kammergerichts vom 3. Mai 1935, 1 Ss. 16/35, Deutsche Justiz 1935 S. 1831: „Wenn § 1 VO. des Reichspräsidenten die sogenannten Grundrechte teilweise außer Kraft setzt und weiter vorschreibt, daß überhaupt insoweit Beschränkungen außerhalb der hierfür bestimmten gesetzlichen Grenzen zulässig sein sollen, so sind damit in sachlichrechtlicher Hinsicht die Grenzen, die durch die RV. und sonst auf jenen Gebieten der Betätigung den zuständigen Behörden gezogen waren, beseitigt. Allerdings erstrecken sich die den Behörden auf Grund der Verordnung zustehenden erweiterten Befugnisse, entsprechend der aus den Eingangsworten „zur Abwehr kommunistischer staatsgefährdender Gewaltakte" hervorgehenden Zweckbestimmung nur auf die Tätigkeit der Behörden auf politischem Gebiet, das heißt demjenigen Teil ihrer Tätigkeit, der dem Schutz des Staatswesens nach außen und innen zu dienen bestimmt ist. Andererseits fordert der Gesichtspunkt innerer und äußerer Sicherung des Bestandes der neu erwachsenen nationalsozialistischen Staatsform die den Behörden auf politischem Gebiete übertragenen Vollmachten in möglichst weitem Sinne aufzufassen. So genügt zum Einschreiten auf Grund der Verordnung beispielsweise schon die mittelbare Gefahr, die für den Staat durch die Verbreitung als Ausdruck der Unzufriedenheit mit der neuen Ordnung der Dinge sich kennzeichnender und damit dem Wiederauftauchen kommunistischer Bestrebungen den Boden bereitender Meinungen entsteht."

Zusammenfassend sagt Tesmer (Deutsches Recht 1936 S. 135): „Die Verordnung vom 28. Februar 1933 ist zwar nach der Präambel zur Abwehr kommunistischer staatsfeindlicher Gewaltakte ergangen — in der Praxis und Rechtsprechung ist aber bereits seit längerer Zeit klargestellt worden, daß diese Präambel das Motiv für die Verordnung gibt, ohne selbst Gesetzesbestandteil zu sein. Die Verordnung kann deshalb nicht nur gegen Staatsfeinde angewandt werden, die heute noch für eine illegale staatsfeindliche Organisation arbeiten, sondern darüber hinaus gegen alle Elemente, die in staats- oder volksschädigender Weise die Wiederaufbauarbeit des deutschen Volkes durch ihr Verhalten gefährden."

II. Das Verhältnis der Schutzhaft zur Verordnung vom 4. Februar 1933.

Über das Verhältnis der Verhängung von Schutzhaft auf Grund der Verordnung vom 28. Februar 1933 zu der Verordnung vom 4. Februar 1933 ist zu sagen: Die Verordnung des Reichspräsidenten zum Schutze des deutschen Volkes vom 4. Februar 1933 (RGBl. I S. 35) sieht in § 22 „im Interesse der öffentlichen Sicherheit" eine polizeiliche Inhaftnahme einer solchen Person vor, die „in dem dringenden Verdacht einer nach den §§ 81 bis 86, 92 Nr. 1 des Strafgesetzbuches oder den §§ 1 bis 4 des Gesetzes gegen den Verrat militärischer Geheimnisse strafbaren Handlung oder eines Verbrechens oder Vergehens steht, das mittels einer Waffe begangen ist oder dessen Strafbarkeit durch unbefugtes Führen einer Waffe begründet wird". Wie die Stellung dieser Vorschrift (in Abschnitt IV der Verordnung „Strafbestimmungen") und die in § 22 Abs. 4 zugelassenen Rechtsbehelfe (Anrufung des Amtsrichters) erkennen lassen, handelt es sich hierbei nicht wie bei der Schutzhaft auf Grund der VO. vom 28. Februar 1933 um eine rein polizeiliche Maßnahme, sondern um eine solche strafrechtlicher Art.

III. Schutzhaft und vorbeugende Polizeihaft.

Ob man die sog. vorbeugende Polizeihaft, die gegen bestimmte gefährliche Gewohnheits- und Berufsverbrecher verhängt werden kann, in den Begriff der Schutzhaft einbeziehen soll, soll dahingestellt bleiben. Wenngleich die Erlasse des Preußischen Ministerpräsidenten vom 13. November 1933 (II C. II 31 Nr. 336/33) und vom 10. Februar 1934 (II C. II 32 Nr. 27/34) auf Grund der VO. vom 28. Februar 1933 ergangen sind, sprechen m. E. doch Zweckmäßigkeitsgründe gegen eine solche Ausweitung des Begriffs der Schutzhaft. Man verwendet besser für diese Maßnahme den Begriff der vorbeugenden Polizeihaft.

Dritter Abschnitt:

Die Verhängung und Vollstreckung von Schutzhaft.

Die Verhängung und Vollstreckung von Schutzhaft ist im einzelnen in dem Erlaß des Reichsministers des Innern geregelt. Es gelten allein die Bestimmungen dieses Erlasses. Die allgemeinen materiellen Schranken der polizeilichen Verfügung (z. B. §§ 14, 15 des preußischen Polizeiverwaltungsgesetzes) und ebenso die allgemeinen formellen Schranken der polizeilichen Verfügung finden keine Anwendung[1]). Rechtlich ist die Schutzhaft als ein Gebilde sui generis zu bezeichnen, das mit der polizeilichen Verfügung zwar gewisse Ähnlichkeiten aufweist, im ganzen aber von ihr verschieden ist.

I. Zuständigkeit.

Für die Verhängung der Schutzhaft sind in Preußen das Geheime Staatspolizeiamt, die Staatspolizeistellen, die Oberpräsidenten, die Regierungspräsidenten, der Polizeipräsident in Berlin zuständig (vgl. das S. 61 abgedruckte Gesetz über die Geheime Staatspolizei vom 10. Februar 1936, GS. S. 21, und die S. 62 abgedruckte Ausführungsverordnung dazu vom 10. Februar 1936, GS. S. 22)[2]).

Die Zuständigkeit der genannten Behörden ist eine ausschließliche[3]). Andere Behörden und Dienststellen sind deshalb zur Verhängung von Schutzhaft nicht befugt. Insbesondere sind danach zur Verhängung von Schutzhaft weder die Dienststellen der NSDAP. und der SA. (z. B. Kreisleiter, Gauleiter, SA.-Führer) noch die Reichsstatthalter befugt. Jedoch sind diese Dienststellen bzw. Behörden nicht gehindert, die Inschutzhaftnahme einer bestimmten Person bei einer dafür zuständigen Dienststelle anzuregen. Hierfür gilt des näheren die

---

1) Da die Verhängung von Schutzhaft nicht als polizeiliche Verfügung im eigentlichen Sinne bezeichnet werden kann, können insbesondere die gesetzlichen Beschränkungen hinsichtlich der Form der polizeilichen Verfügung, wie sie z. B. in Preußen im Polizeiverwaltungsgesetz enthalten sind, nicht übertragen werden. Es finden daher die Beschränkungen der §§ 15, 16 des Polizeiverwaltungsgesetzes hinsichtlich der Voraussetzungen der polizeilichen Inhaftnahme und des Eindringens in Wohnungen zur Nachtzeit sowie des § 127 der Strafprozeßordnung (vorläufige Festnahme) keine Anwendung.

2) Vgl. über die Geheime Staatspolizei die Abhandlungen von Best in „Deutsches Recht" 1936 S. 125 und Ermert im „Reichsverwaltungsblatt" 1936 S. 237.

3) Mit der Folge, daß die Verhängung von Schutzhaft durch eine dazu nicht zuständige Behörde oder Dienststelle unter Umständen die nach §§ 239, 341, 358 StGB. strafbaren Tatbestände der Freiheitsberaubung erfüllen kann.

Regelung, daß die Dienststellen der NSDAP. und der SA. die Inschutzhaftnahme bei einer der vorstehend genannten zuständigen Amtsstellen anregen können, der dann die pflichtmäßige Nachprüfung der Voraussetzungen und die ausschließliche Verantwortung für die Maßnahme obliegt. Die Reichsstatthalter dagegen können ein Ersuchen um Verhängung der Schutzhaft an die zuständige Oberste Landesbehörde (nicht auch an eine nachgeordnete Dienststelle) richten, in welchem Falle dann die Oberste Landesbehörde aus ihrer Zuständigkeit und ausschließlichen Verantwortung zu prüfen hat, ob die Verhängung der Schutzhaft begründet ist.

Von besonderer Bedeutung ist, daß durch die Regelung der Zuständigkeit das Recht zur vorläufigen Festnahme nach § 127 der Strafprozeßordnung oder nach Polizeirecht nicht berührt wird, worauf anschließend zu II noch näher einzugehen sein wird.

II. Die Zulässigkeit der Inschutzhaftnahme (materielle Schranken).

a) Wenn vorstehend S. 14 ausgeführt wurde, daß die Inschutzhaftnahme nicht dem einschränkenden Sinne der Einleitungsworte der Verordnung vom 28. Februar 1933 unterliegt, daß sie also keineswegs nur zur Niederhaltung des Kommunismus zulässig sei, so ist damit nicht gesagt, daß die Schutzhaft ohne jede beliebige sachliche Schranke verhängt werden könne. Vielmehr hat der Erlaß des Reichsministers des Innern vom 12. April 1934 in strenger Form Schranken der Zulässigkeit der Schutzhaft aufgerichtet.

b) Die Verhängung der Schutzhaft ist danach nur zulässig: zum eigenen Schutz des Häftlings sowie wenn der Häftling durch sein Verhalten, insbesondere durch staatsfeindliche Betätigung, die öffentliche Sicherheit und Ordnung unmittelbar gefährdet[4]). Wird ein Ausländer aus diesem Grunde (nicht also lediglich zum eigenen Schutz) in Schutzhaft genommen, so ist grundsätzlich zugleich das Ausweisungsverfahren durchzuführen.

c) Sofern nicht zugleich die zu b) genannten Voraussetzungen vorliegen, ist eine Verhängung von Schutzhaft insbesondere nicht zulässig:

1. gegen Personen, die lediglich von einem ihnen nach bür-

[4]) Auf das wesentliche Erfordernis der Unmittelbarkeit der Gefährdung der öffentlichen Sicherheit und Ordnung durch das Verhalten des Häftlings ist entscheidendes Gewicht zu legen.

gerlichem oder öffentlichem Recht zustehenden Anspruch (z. B. Anzeige, Klage, Beschwerde) Gebrauch machen;

2. gegen Rechtsanwälte wegen der Vertretung von Interessen ihrer Klienten;

3. wegen persönlicher Angelegenheiten wie z. B. Beleidigungen;

4. wegen irgendwelcher wirtschaftlicher Maßnahmen (Lohnfragen, Entlassung von Arbeitnehmern usw.)[5]).

d) Sodann ist die Inschutzhaftnahme zur Ahndung strafbarer oder — zwar nicht strafbarer, aber sonst — verwerflicher Handlungen nicht zulässig. Zur Aburteilung strafbarer Handlungen sind die Gerichte ausschließlich zuständig, wobei für die Verhaftung von Angeschuldigten die Vorschriften der §§ 112 ff. der Strafprozeßordnung gelten. Allerdings ist nach § 127 Abs. 2 der Strafprozeßordnung auch ohne richterlichen Haftbefehl die vorläufige Festnahme zulässig (Polizeihaft). Jedoch kann danach nur in besonderen Ausnahmefällen bei strafbaren Tatbeständen die Verhängung von Schutzhaft gerechtfertigt erscheinen[6]), wobei dann schleunigst auf den Erlaß eines richter-

[5]) Wegen Preistreiberei, Wucher, Überschreitung von Höchstpreisen, Sabotage des Vierjahresplanes ist dagegen die Verhängung von Schutzhaft zulässig.

[6]) Vgl. zutreffend Tesmer, „Deutsches Recht" S. 136: „Hierunter fallen naturgemäß alle diejenigen Fälle, in denen von der Geheimen Staatspolizei sofort im Wege der Schutzhaft zugegriffen werden muß, um im Interesse der Staatssicherheit unabsehbaren Schaden zu verhüten, wenn auch im Augenblick der Nachweis für die Voraussetzungen zum Erlaß eines richterlichen Haftbefehls noch nicht erbracht werden kann. Die Mehrzahl der Fälle, die bei der Geheimen Staatspolizei bearbeitet werden, setzen sich aus hoch- oder landesverräterischen Handlungen zusammen, die bei Vorliegen von genügendem Belastungsmaterial oft zum Erlaß eines richterlichen Haftbefehls führen. Soweit richterlicher Haftbefehl gegen den Täter erlassen wird, kann die Geheime Staatspolizei alles Weitere dem Gericht überlassen. Soweit richterlicher Haftbefehl noch nicht erlassen werden kann, weil etwa das für den Nachweis einer landes- oder hochverräterischen Handlung erforderliche Belastungsmaterial aus technischen Gründen noch nicht zusammengetragen werden konnte, muß die Geheime Staatspolizei im Interesse der Staatssicherheit die Frage nachprüfen, ob die Verhängung der Schutzhaft gegen den Beschuldigten in Betracht zu ziehen ist, wenn z. B. der Verdacht besteht, daß der Beschuldigte, der früher kommunistischer Funktionär war, die Freiheit dazu benutzen wird, um seine staatsfeindliche Tätigkeit wieder aufzunehmen."

lichen Haftbefehls hinzuwirken ist. Besonders dieser ausdrückliche Hinweis in dem Erlaß des Reichsministers des Innern läßt den Charakter der Schutzhaft als politisch-polizeiliche Präventivmaßnahme deutlich erkennen.

e) Die Verhängung von Schutzhaft als Ersatzstrafe (§ 29 StGB.) ist unzulässig. Die Schutzhaft ist keine strafgerichtliche, sondern eine polizeiliche Maßnahme.

III. Der Schutzhaftbefehl (formelle Schranken).

Dem Häftling ist bei der Inschutzhaftnahme oder spätestens innerhalb 24 Stunden nach der Festnahme ein schriftlicher und unterschriftlich vollzogener Schutzhaftbefehl zu behändigen, der die Gründe für die Verhängung der Schutzhaft enthalten soll. Wenn Mitglieder der NSDAP. in Schutzhaft genommen werden, ist der zuständigen Gau- und Kreisleitung sowie der zuständigen Parteigerichtsstelle (Gau- oder Kreisgericht) Nachricht unter Angabe der Gründe der Verhängung der Schutzhaft zu geben. Sofern nicht besondere Bedenken hiergegen bestehen (Gefahr der Verdunkelung, der Warnung Mitschuldiger), sind ferner den nächsten Angehörigen — als solche gelten Ehefrau, Eltern, Kinder und Geschwister — auf Anfrage die Gründe der Verhängung der Schutzhaft sowie der Aufenthaltsort des Häftlings anzugeben. Es besteht also weitgehende Analogie mit dem Verfahren hinsichtlich des Erlasses eines richterlichen Haftbefehls.

IV. Vollstreckung, Dauer und Überprüfung der Schutzhaft.

a) Die Vollstreckung der Schutzhaft erfolgt ausschließlich in staatlichen Gefangenenanstalten oder Konzentrationslagern.

b) Solange der Zweck der Schutzhaft es erfordert, wird sie aufrechterhalten, aber auch nur solange. Ausschließlich das Andauern der Gründe, die zur Verhängung der Schutzhaft geführt haben, bestimmt über die Dauer ihrer Aufrechterhaltung. Insbesondere ist die Verhängung von Schutzhaft als Ersatzstrafe auf bestimmte Zeit unzulässig (vgl. vorstehend II e).

c) Unverzüglich nach der Festnahme ist der Schutzhäftling über die Gründe der Schutzhaft zu hören. Wenn danach die Schutzhaft aufrechterhalten werden soll, ist unverzüglich der Obersten Landesbehörde zu berichten (sofern diese nicht selbst die Inschutzhaftnahme angeordnet hat). In Fällen, in denen die Oberste Landesbehörde nicht selbst die Inschutzhaftnahme verfügt hat, ist der Häftling am achten Tage nach seiner Festnahme (also nicht erst nach seiner Einlieferung ins staatliche Gefängnis oder ins Konzentrationslager) aus der Schutzhaft zu entlassen, wenn die Oberste Landesbehörde den Schutzhaftbefehl bis zu diesem Zeitpunkt nicht ausdrücklich bestätigt hat. Hat aber die Oberste Landesbehörde den Schutzhaftbefehl bestätigt, so ist die Bestätigung dem Häftling schriftlich mitzuteilen.

d) Wenn der Schutzhaftbefehl von der Obersten Landesbehörde erlassen oder von ihr bestätigt worden ist, so ist von der Obersten Landesbehörde drei Monate nach der Festnahme von Amts wegen zu prüfen, ob der Häftling entlassen werden kann (Analogie mit dem strafprozessualen Haftprüfungsverfahren). Ergibt diese Prüfung, daß das nicht der Fall ist, bleibt also die Schutzhaft aufrechterhalten, so ist die Nachprüfung jeweils nach drei Monaten zu wiederholen. Dieses Prüfungsverfahren in Verbindung mit dem Behördenaufbau der Geheimen Staatspolizei gibt die Gewähr dafür, daß fehlerhafte oder gar willkürliche Schutzhaftmaßnahmen nicht vorkommen können (vgl. auch Tesmer, Deutsches Recht, 1936, S. 137).

Vierter Abschnitt:

Die Frage der Zulässigkeit von Rechtsmitteln.

Können gegen die Verhängung von Schutzhaft Rechtsmittel durch den Betroffenen ergriffen werden? Die Frage ist, wie ich bereits in der Deutschen Justiz 1934 S. 58 nachgewiesen habe, sowohl hinsichtlich der ordentlichen Gerichtsbarkeit wie hinsichtlich der Verwaltungsgerichtsbarkeit zu verneinen.

I. Keine Anrufung des ordentlichen Richters.

a) Da die Verhängung von Schutzhaft eine rein polizeiliche Maßnahme ist, kann gegen sie das ordentliche Gericht nicht angerufen werden. Das steht außer Zweifel, weil für die Zuständigkeit der ordentlichen Gerichte zur Nachprüfung jede gesetzliche Grundlage mangelt.

b) Auch auf dem Umwege über eine Schadensersatzklage kann die erfolgte Verhängung von Schutzhaft nicht der Prüfung des ordentlichen Richters unterstellt werden.

1. Neubert (JW. 1933 S. 2426/27) hat dargelegt, daß im nationalsozialistischen Staat Gesetzgebung, Verwaltung und Justiz nicht gegeneinanderstehen, sondern (nur verschiedene) Tätigkeitsgebiete desselben Organismus sind, mithin die Justiz politische Handlungen des Staates nicht vom Grundgedanken einer anderen Betrachtungsweise aus verneinen kann. Hoche (DJZ. 1933 Sp. 1491) hat dem zugestimmt und ergänzend ausgeführt: „Im demokratischen Staate fielen allerdings nicht nur Verwaltung und Justiz, sondern auch Regierung und Justiz auseinander. Eine Nachprüfung politischer Staatsakte oder gar wichtigster Regierungsakte durch eine richterliche Instanz, ... ist aber im nationalsozialistischen Staate undenkbar. Dieser Grundsatz muß heute schon als geltendes Recht angesehen werden, auch wenn er noch nicht in Paragraphen niedergelegt worden ist. Denn die nationalsozialistische Revolution ist selbst Rechtsquelle mit unmittelbarer Rechtswirkung. Die anerkannten grundlegenden Prinzipien der nationalsozialistischen Rechtsauffassung sind auch dort als bereits geltender Bestandteil des materiellen deutschen Rechts anzusehen, wo sie noch nicht ihren Niederschlag in formellen Gesetzesbestimmungen gefunden haben. Die formelle Gesetzgebung kann nur allmählich und nach und nach durch Anpassung aller Gesetzestexte diese von Grund auf veränderte Rechtsauffassung zu Papier bringen. Aber das Entscheidende ist nicht das auf dem Papier stehende, sondern das lebendig im Herzen aller Volksgenossen wurzelnde Recht."

2. Auch das Landgericht Berlin hat in seiner Entscheidung vom 1. November 1933 — 276 O. 10088/33 (abgedruckt S. 67) — die gleiche Rechtsauffassung, wenn auch nicht in jeder Beziehung zutreffend, zum Ausdruck gebracht. Die Entscheidung, auf die wegen ihrer grundlegenden Bedeutung kurz eingegangen sei, betrifft zwar ein auf die Verordnung vom 28. Februar 1933 gestütztes Zeitungsverbot, kann aber auf die Verhängung von Schutzhaft vollinhaltlich Anwendung finden, weil die Rechtslage unterschiedslos die gleiche ist. Das Landgericht Berlin ist der Auffassung, daß die Verordnung des Reichspräsidenten vom 28. Februar 1933 (vgl. S. 11 und S. 59) stets dann anzuwenden ist, wenn ihre Anwendung zur Wiederherstellung der öffentlichen Sicherheit und Ordnung erforderlich erscheint, und zwar nicht nur gegen Kommunisten, sondern gegen jeden, der durch sein Verhalten ein Eingreifen der Staatsgewalt notwendig macht (vgl. S. 14). Überdies werden

alle gegen die öffentliche Sicherheit und Ordnung als gegen den Bestand des Staates gerichteten Angriffe als kommunistische im weitesten Sinne aufzufassen sein. Der Abwehr dieser Angriffe soll die Verordnung des Reichspräsidenten dienen. Das Staatsorgan, dem die Bekämpfung staatsfeindlicher Betätigung obliegt, ist in Preußen das Geheime Staatspolizeiamt. Mit Recht werde im Schrifttum die Ansicht vertreten, daß eine derartige Tätigkeit über das Aufgabengebiet der allgemeinen Polizei hinausgeht (vgl. dazu Neubert in JW. 1933 S. 2426/27) und daher nicht verlangt werden darf, daß ein Einschreiten des Geheimen Staatspolizeiamts nur dann zulässig ist, wenn die allgemeinen Voraussetzungen für ein polizeiliches Einschreiten gegeben sind (vgl. dazu Boehr in JW. 1933 S. 2499). Die Verordnung vom 28. Februar 1933 schaffe durch die Außerkraftsetzung von Grundrechten einen gewollten Ausnahmezustand zugunsten der Durchführung des nationalsozialistischen Staates. „Die Anwendung dieses Ausnahmerechts durch die berufenen Staatsorgane schließt mangels ausdrücklicher anderer Bestimmungen schon begrifflich Schadensersatzansprüche im ordentlichen Rechtswege aus. Sie könnten auch höchstens darauf gestützt werden, daß das vorliegende Zeitungsverbot im Rahmen des Ausnahmezustandes völlig unberechtigt und willkürlich sei. Davon kann aber kein Rede sein."

Wenn der vorletzte Satz dieser Entscheidung — wie es den Anschein hat — Schadensersatzansprüche wegen Verhängung von Schutzhaft insofern zulassen würde, als diese darauf gestützt werden, daß die Verhängung „völlig unberechtigt und willkürlich" erfolgt sei, so würde das m. E. nicht nur den vorhergehenden durchaus zutreffenden Erwägungen des Gerichts selbst widerstreiten, sondern auch zu unhaltbaren Folgerungen führen. Denn auf diese Weise könnte jede Verhängung von Schutzhaft jedenfalls erst einmal vor das ordentliche Gericht gebracht werden. Der Schutzhäftling brauchte dazu nur einen Schadensersatzprozeß gegen den Staat anzustrengen und seine Ansprüche damit zu begründen, er sei zu Unrecht oder willkürlich verhaftet worden. Das Gericht würde dann, sofern es nicht von vornherein seine Unzuständigkeit feststellen könnte, in jedem Falle, also auch wenn die Behauptungen des Klägers (Schutzhäftlings) unhaltbar sind, entscheiden müssen. Auch die klageabweisende Entscheidung ist ja eine gerichtliche Entscheidung. Wie das Landgericht Berlin selbst dargelegt hat, ist aber die Nachprüfung der Verhängung von Schutzhaft durch den ordentlichen Richter aus Gründen der Zuständigkeitsabgrenzung ausgeschlossen[1]). Dann kann es auch nicht möglich sein, diese Nachprüfung auf einem indirekten Wege dennoch herbeizuführen. Es sind deshalb m. E. Schadensersatzklagen von Schutzhäftlingen gegen den Staat (oder seine Beamten) auch dann von vornherein wegen Unzuständigkeit der ordentlichen Gerichte, und nicht erst wegen mangelnder Begründung, abzuweisen, wenn der Kläger seinen Anspruch darauf stützt, seine Verhaftung sei unberechtigt oder willkürlich erfolgt. Die sonst, auch gegenüber der Polizei, geltenden Grundsätze der Beamtenhaftung können eben m. E. auf Maßnahmen der Geheimen Staatspolizei nicht Anwendung finden. Es handelt sich bei den die Beamtenhaftung regelnden Vorschriften um Ausnahmen von dem Grundsatz, daß alle Kehrseiten eines hoheitsrechtlichen Aktes hoheitsrechtliche Natur haben müssen, um Sondervorschriften für bestimmte Fälle, die den Zweck haben, dem einzelnen gegenüber dem Staate Rechtsschutz zu gewähren. Das von der Geheimen Staatspolizei zu schützende Rechtsgut ist aber so überwiegend groß, daß die Ziele, die der Gesetzgeber mit den noch aus liberalistischer Zeit stammenden Vor-

[1]) Es sei auf folgende allgemeinen Ausführungen des Hanseatischen Oberlandesgerichts in seiner Entscheidung vom 16. Januar 1934, AZ. Bf. III 229/33 hingewiesen: Die Zuständigkeit der ordentlichen Gerichte ist nur gegeben, wenn es sich entweder um eine bürgerliche Rechtsstreitigkeit handelt, für die eine anderweitige Zuständigkeit nicht begründet ist, oder um eine solche öffentlich-rechtliche Streitigkeit, für welche ausdrücklich die Zuständigkeit der ordentlichen Gerichte vorgesehen ist. Die Grenzlinie zwischen dem bürgerlichen Recht und dem öffentlichen Recht ist erst in neuester Zeit allgemein klar erkannt worden. Lange Zeit hindurch hat die Rechtsprechung der ordentlichen Gerichte unter Führung des Reichsgerichts alle vermögensrechtlichen Angelegenheiten aus dem Grenzgebiet für bürgerlich-rechtlicher Natur gehalten. Es sind insbesondere solche Rechtsverhältnisse als bürgerlich-rechtliche abgeurteilt worden, die sich in die dem bürgerlichen Recht bekannten Formen wie z. B. ungerechtfertigte Bereicherung, Schadenersatz aus der unerlaubten Handlung usw. bringen ließen. Auch sonst hat das Reichsgericht recht weitgehend mit dem Begriff der bürgerlichen Rechtsstreitigkeiten kraft Herkommens gearbeitet, wobei häufig der fehlende Rechtsschutz in einem Verwaltungsstreitverfahren mitbestimmend gewesen sein mag.

Heute ist die geschilderte Auffassung allseitig, insbesondere auch vom Reichsgericht aufgegeben worden. Es ist auf den Kern zurückschriften über die Beamtenhaftung verfolgt hat, in diesem Falle zurücktreten müssen. Nach der nationalsozialistischen Staatsauffassung „muß es als Unding erscheinen, daß die Gerichte sich auch nur irgendwie auf das Gebiet der Staatspolizei begeben und möglicherweise im Einzelfall behördliche Maßnahmen staatspolizeilicher Natur durchkreuzen und aufheben. Dazu sind die Gerichte heute schlechterdings nicht berufen, findet doch der staatspolitische Verwaltungsakt letzten Endes seine Begründung und Rechtfertigung in den Lebensnotwendigkeiten des Staates, die zu wahren und zu sichern einzig Aufgabe der Regierung und Verwaltung sein kann" (Hamb. Verwaltungsgericht vom 7. Oktober 1935, Z. 139/35, abgedruckt S. 74).

3. Die gleichen Erwägungen gelten gegenüber dem Beschluß der 1. Zivilkammer des Landgerichts Tübingen vom 25. Januar 1934, AR. 270/33 (abgedruckt S. 70). Diese Entscheidung ist im übrigen in sich widerspruchsvoll. Das LG. Tübingen sagt: „Die Verhängung von Schutzhaft kann von den Gerichten unter dem Gesichtspunkt der Amtspflichtverletzung (§ 839 BGB., Art. 131 RVerf.) nicht hinsichtlich Richtigkeit

---

zugehen, aus dem die Angelegenheit sich entwickelt hat. Haben sich hierbei der Staat und der Bürger als zwei gleichberechtigte Personen, also wie zwei Privatpersonen gegenübergestanden, dann ist die Angelegenheit bürgerlich-rechtlicher Natur. Ist die Angelegenheit aber daraus erwachsen, daß der Staat oder ein von ihm mit Herrschergewalt ausgestatteter Verband die Herrschergewalt über den Untertan betätigt hat, sei es befehlend, sei es Schutz gewährend oder Schutz versagend, so ist die Angelegenheit öffentlich-rechtlicher Natur. Weiterhin hat sich die Auffassung allseitige Anerkennung verschafft, daß ein Rechtsverhältnis nur eine einheitliche Natur haben kann, daß es nur entweder bürgerlich-rechtlich oder nur öffentlich-rechtlich sein, daß es aber niemals beide Eigenschaften aufweisen kann. Es folgt daraus, daß ein Rechtsverhältnis, welches in seines Wesens Kern öffentlich-rechtlicher Natur ist, öffentlich-rechtlich auch in allen seinen Kehrseiten ist, die sich bei seiner Abwicklung und bei seiner Umkehrung ergeben können. Es kann sein, daß irgendwelche Kehrseiten äußere Formen aufweisen, die Merkmale zeigen, welche einem bürgerlich-rechtlichen Rechtsverhältnisse eigentümlich sind, wie z. B. die Merkmale der ungerechtfertigten Bereicherung, der Schadensersatzpflicht usw. Das ist dann aber nur ein Zeichen dafür, daß es auch im öffentlichen Recht Erscheinungsformen gibt, die denen des bürgerlichen Rechts ähnlich sind. Die Rechtsverhältnisse bleiben öffentlich-rechtlicher Natur.

und Zweckmäßigkeit, sondern nur bei Ermessensmißbrauch und Willkür überprüft werden. Politische Staatsakte entziehen sich der richterlichen Nachprüfung, bilden auch nicht den Gegenstand einer Amtspflicht gegenüber Dritten." Wenn politische Staatsakte nicht den Gegenstand einer Amtspflicht gegenüber Dritten bilden, können sie doch überhaupt nicht unter den Grundsätzen der Beamtenhaftung, auch nicht unter denjenigen der Amtspflichtverletzung durch Ermessensmißbrauch oder Willkür, von den Gerichten geprüft werden.

c) Schaefer, Deutsches Recht 1936 S. 377 f., sagt zutreffend[2]): „Die Bestätigung oder Aufhebung des Schutzhaftbefehls obliegt ... ausschließlich der Entscheidung der Politischen Verwaltungsbehörde. Eine Befassung der Gerichte mit der Frage der Rechtmäßigkeit von Schutzhaftbefehlen findet in keinem Fall statt. Diese Unanfechtbarkeit der Schutzhaftanordnung gegenüber Gerichten und Verwaltungsgerichten wäre aber praktisch bedeutungslos, wenn damit nicht zugleich eine Unüberprüfbarkeit der dem Erlaß des Schutzhaftbefehls zugrunde liegenden staatspolizeilichen Feststellung verbunden ist. Wenn die Behörden der Politischen Polizei auf Grund von vorangegangenen Ermittlungen und ordnungsgemäßer Prüfung eine Person in Schutzhaft nehmen, so liegt darin — falls die Schutzhaft nicht etwa zum eigenen Schutz angeordnet wird — die Feststellung, daß der Schutzhäftling durch seine staatsfeindliche Tätigkeit die Staatssicherheit oder die öffentliche Ordnung gefährdet hat. Diese Feststellung kann durch andere Behörden — etwa durch die Gerichte — ebensowenig in Frage gestellt werden, wie der Schutzhaftbefehl selbst. Die Beurteilung des politischen Verhaltens einer Person obliegt ausschließlich der Politischen Polizei. Es kann allerdings, da die Gefährdung der Staatssicherheit stets ein schnelles Eingreifen erfordert, sich später in einzelnen Fällen herausstellen, daß die Schutzhaft zu Unrecht angeordnet worden ist, das Nachprüfungsverfahren ergibt z. B., daß der Inhaftgenommene von einer Person, deren Unglaubwürdigkeit der Politischen Polizei nicht bekannt war, zu Unrecht beschuldigt worden ist.

[2]) Vgl. außer den bereits erwähnten Abhandlungen von Neubert in JW. 1933 S. 2426 und Hoche in DJZ. 1933 Sp. 1490 noch: Schack, Reichsverwaltungsblatt Bd. 55 S. 593; Lauer, ebenda S. 168; Lauer in JW. 1934 S. 2832; Stuckart in Deutsche Verwaltung 1935 S. 163.

In solchen Fällen begründet die Schutzhaftverhängung selbstverständlich keine Feststellung in dem oben genannten Sinn. Die Entscheidung, daß sich der Betroffene, obwohl er zunächst in Schutzhaft genommen worden ist, nicht staatsfeindlich verhalten hat, ist aber wiederum allein von der Politischen Polizei zu treffen. Falls die Frage z. B. in einem Gerichtsverfahren von Bedeutung ist, bedarf es daher einer Anfrage an die Behörden der Politischen Polizei, die sich darüber zu äußern haben, ob die Schutzhaftverhängung in diesem Falle ausnahmsweise keine Feststellung eines staatsfeindlichen Verhaltens begründet." Ferner: „Die Anordnung von Schutzhaft ist ihrem Inhalt nach eine politische Maßnahme. Wenn ein Gericht die Nachprüfung einer solchen Maßnahme auf ihre Rechtmäßigkeit vornehmen wollte, begäbe es sich damit auf ein Gebiet, das seiner Beurteilung nach nationalsozialistischer Staatsauffassung entzogen ist. Justiz und Verwaltung bilden im nationalsozialistischen Staate nicht zwei Behördenapparate, deren einer zur Überwachung und Berichtigung von Maßnahmen des anderen berufen wäre. Sie sind vielmehr Tätigkeitsformen des Staates im Dienst der Volksgemeinschaft. Ein Konkurrenzverhältnis zwischen diesen Tätigkeitsformen ist nicht denkbar."

d) Ob eine Nachprüfung der Verhängung von Schutzhaft durch die Strafgerichte auf dem Wege der öffentlichen Anklage wegen Freiheitsberaubung im Amte erfolgen kann (wie Berger in JW. 1934 S. 14 meint), erscheint zweifelhaft. Daraus, daß der Runderlaß des Reichsministers des Innern vom 12. April 1934 auf die Möglichkeit der Verfolgung einer von einer unzuständigen Stelle vorgenommenen Inschutzhaftnahme als Freiheitsberaubung hinweist, kann m. E. nichts die Frage Bejahendes entnommen werden.

II. Auch keine Anrufung eines Verwaltungsgerichts.

a) Als Maßnahme der Politischen Polizei kann die Verhängung von Schutzhaft auch nicht vom Verwaltungsrichter nachgeprüft werden. Das bringt jetzt § 7 des preußischen Gesetzes über die Geheime Staatspolizei vom 10. Februar 1936 (GS. S. 21, abgedruckt S. 61) mit folgender Bestimmung zum Ausdruck: „Verfügungen und Angelegenheiten der Geheimen Staatspolizei unterliegen nicht der Nachprüfung durch die Verwaltungsgerichte"[3]). Und zwar sind nicht nur die von den einzelnen Dienststellen der Geheimen Staatspolizei selbst erlassenen Verfügungen, sondern auch diejenigen Anordnungen sachlichen Inhalts der ordentlichen (Kreis- und Orts-) Polizeibehörden der Anfechtung entzogen, die diese in ihrer Eigenschaft als Hilfsorgane der Geheimen Staatspolizei (§ 4 des Gesetzes) in einer Angelegenheit der Geheimen Staatspolizei getroffen haben. Aufgabe der Geheimen Staatspolizei ist die Erforschung und Bekämpfung aller staatsgefährlichen Bestrebungen. Innerhalb dieses Aufgabenbereichs ergangene Anordnungen der ordentlichen Polizeibehörden, also solche, die offenbar dazu bestimmt sind, dem Schutze der Staatssicherheit nach außen oder innen zu dienen, sind danach unanfechtbar. Auch ob die von der Polizei im Einzelfalle angenommene Gefährdung der Staatssicherheit wirklich bestand, unterliegt, sofern überhaupt der den Anlaß zum polizeilichen Einschreiten bildende Tatbestand als zum Aufgabenbereich der Geheimen Staatspolizei gehörig gewertet werden kann, nicht der verwaltungsgerichtlichen Nachprüfung. Denn mit der Entscheidung dieser Frage würde bereits in eine sachliche Untersuchung der Rechtmäßigkeit der polizeichen Verfügung eingetreten werden. Liegen einer polizeilichen Anordnung ernsthafte Erwägungen staatspolizeilicher Natur zugrunde und haben diese in der Verfügung oder sonst erkennbar Ausdruck gefunden, so ist die richterliche Nachprüfung ausgeschlossen. Andererseits kann allerdings, wie das Preuß. Oberverwaltungsgericht in seinem

---

[3]) Die gleiche Rechtslage galt schon seit Einrichtung der Schutzhaft, vgl. Spohr, Deutsche Justiz 1934 S. 58 ff.;

Sächs. Oberverwaltungsgericht vom 14. September 1934, 59 I/34 (abgedruckt S. 73);

Hamburg. Verwaltungsgericht vom 7. Oktober 1935, Z. 139/35 (abgedruckt S. 74).

Während des Preuß. Oberverwaltungsgericht die Unanfechtbarkeit der Verfügungen der Geheimen Staatspolizei in allen ihren Gliederungen bejahte (vom 2. Mai 1935, abgedruckt S. 77), verneinte es die Unanfechtbarkeit der von den ordentlichen Polizeiorganen als Hilfsorganen der Geheimen Staatspolizei erlassenen Verfügungen und ließ für diese den Rechtsweg zu (vom 25. Oktober 1934, OVG. Bd. 94 S. 134 = Juristische Wochenschrift 1935 S. 1272; vom 10. Januar 1935, Juristische Wochenschrift 1935 S. 2095; vom 24. Januar 1935, Juristische Wochenschrift 1935 S. 2097; vom 23. Mai 1935, Juristische Wochenschrift 1935 S. 2670). Diese Rechtsprechung ist durch § 7 des Gesetzes vom 10. Februar 1936 überholt.

Beschluß vom 19. März 1936 (abgedruckt S. 81)[4]) festgestellt hat, die bloße Erklärung einer von einer ordentlichen Polizeibehörde ausgehenden Verfügung zu einer staatspolizeilichen durch die Polizei selbst nicht ausreichen, die Verfügung der Anfechtung zu entziehen. Die Verfügung muß nach Anlaß und Ziel sich selbst als zum Schutz der Staatssicherheit bestimmt kennzeichnen. Die Grenzziehung, die das Gesetz vom 10. Februar 1936 vorgenommen hat, ist, soweit die ordentlichen Polizeibehörden in Betracht kommen, sachlicher, nicht formeller Art. Erhält das angerufene Verwaltungsgericht die Überzeugung, daß sich die angefochtene polizeiliche Verfügung einer ordentlichen Polizeibehörde außerhalb des Zuständigkeitsbereichs der Geheimen Staatspolizei bewegt oder sich nur äußerlich, aber nicht inhaltlich mit dessen Aufgaben in Verbindung bringt, so steht die Vorschrift des § 7 des genannten Gesetzes der Anfechtung im Verwaltungsstreitverfahren nicht im Wege.

b) Über die Zuständigkeit zur Entscheidung der Frage, ob eine behördliche Maßnahme staatspolitischer Natur ist oder nicht, hat sich das Hamburgische Verwaltungsgericht in seinem Urteil vom 7. Oktober 1935 (abgedruckt S. 74) ähnlich ausgesprochen, und zwar — m. E. zu Recht — mehr zugunsten der Verwaltung: Mit Recht hat Reuß, Die Verwaltungsgerichtsbarkeit im Neuen Reich in der Jur. Wochenschrift 1935 S. 2025 bemerkt, es dürfte ein Gebot der Konsequenz sein, hierüber nicht die Verwaltungsgerichte, sondern die Verwaltungsbehörden entscheiden zu lassen. Da nämlich gerade die Entscheidung darüber, ob eine Angelegenheit oder ein Sachgebiet politisch oder unpolitisch sei, in spezifischer Weise eine politische Entscheidung darstelle, der Grundgedanke aber doch gerade dahin gehe, die Verwaltungsgerichte keine politischen Entscheidungen fällen zu lassen, so bleibe nur übrig, die Entscheidung über den Grad der politischen Imprägnierung eines Verwaltungsaktes den Verwaltungsbehörden zuzuweisen. Man dürfe erwarten, daß bei einer künftigen, dieses Gebiet betreffenden gesetzlichen Regelung auch diese Frage in einer den Staatsbedürfnissen entsprechenden Weise geregelt werden wird, und zwar evtl. in der Weise, daß die Entscheidung der Frage, ob eine Verwaltungsmaßnahme staatspolitischer Natur ist oder

---

[4]) Vgl. auch die Entscheidung des Gerichts vom 30. Juli 1936, abgedruckt S. 84.

nicht und ob danach die Verwaltungsklage ausgeschlossen ist, in die Hand der zuständigen Zentralbehörde gelegt wird. Bis dahin aber müsse daran festgehalten werden, daß grundsätzlich der Regierung bzw. der Verwaltung und nicht den Gerichten die Entscheidung in dieser Frage zusteht. Selbstverständlich könne es damit nicht in die Macht der Verwaltungsbehörde gegeben sein, eine Maßnahme, deren unpolitische Natur offensichtlich ist, durch einfache Erklärung zu einer staatspolitischen zu stempeln, um so die Verwaltungsklage auszuschließen. Insoweit müßte eine Nachprüfung im Verwaltungsstreitverfahren möglich sein, da in solchen Fällen eine Willkür in Frage stehen würde, deren Bestehen nicht Rechtes sein kann.

III. Es ist lediglich Dienstaufsichtsbeschwerde gegeben.

Wenn auch dem Schutzhäftling gegen seine Verhaftung, wie vorstehend nachgewiesen, keinerlei förmliche Rechtsmittel zustehen, so verbleibt ihm doch der Rechtsbehelf der formlosen Dienstaufsichtsbeschwerde. Denn wenn die Verhängung von Schutzhaft auch keine polizeiliche Verfügung im eigentlichen Sinne, sondern ein der polizeilichen Verfügung nur ähnliches Rechtsgebilde eigener Art ist, so ist sie doch eine Maßnahme der Verwaltung, und es gelten daher für sie die allgemeinen Grundsätze des Verwaltungsrechts, sofern sich nicht aus der Eigenart der Schutzhaftverhängung Besonderheiten ergeben. Das ist hinsichtlich der Nachprüfung einer solchen Maßnahme durch die der sie anordnenden und durchführenden Behörde vorgesetzte Behörde nicht der Fall. Die formlose Dienstaufsichtsbeschwerde ist daher zulässig. Sie wird in der Praxis aber nur geringe Bedeutung haben, weil die vorstehend (vgl. S. 22) dargelegten Bestimmungen aus dem Erlaß des Reichsministers des Innern über die Nachprüfung des Schutzhaftbefehls bereits dem Interesse des Häftlings sehr weit entsprechen.

Fünfter Abschnitt:

Die Vertretung des Schutzhäftlings durch einen Rechtsanwalt.

Die Vertretung der Schutzhäftlinge durch Rechtsanwälte ist zulässig. Der Versuch einer Staatspolizeistelle, einen Anwalt als Vertreter eines Schutzhaftgefangenen zurückzuweisen, hat zu einem Schriftwechsel des zuständigen Gaues des BNSDJ. und der Reichs- und preußischen Minister des Innern und der Justiz geführt. In diesem Schriftwechsel (Schreiben des Reichs- und preußischen Innenministers vom 31. Januar 1935) ist festgestellt, daß ein Anwalt von einer Vertretung in einer Rechtsangelegenheit grundsätzlich nicht ausgeschlossen werden kann und daß daher auch die Vertretung eines Schutzhäftlings durch einen Anwalt zulässig ist.

Die in der Jur. Wochenschrift 1935 S. 759 veröffentlichten Schreiben haben folgenden Wortlaut:

Bund Nationalsozialistischer Deutscher Juristen
Gau Oberlandesgerichts-Bezirk Hamm.

Münster i. W., den 10. Oktober 1934.

An den
Herrn Reichsjustizminister
Berlin.

Anliegend überreiche ich eine Äußerung der Staatspolizeistelle für den Regierungsbezirk Münster, in welcher diese Staatspolizeistelle die Auffassung vertritt, daß in Schutzhaftsachen Anwaltsvertretung nicht zulässig sei. Ich kann mich dieser Auffassung nicht anschließen. Jeder deutsche Volksgenosse kann sich in allen seinen Angelegenheiten des Rates und der Vertretung eines Anwaltes bedienen mit Ausnahme derjenigen Fälle, in denen eine solche Vertretung gesetzlich ausgeschlossen ist. Von dem gesetzlichen Verbot der Wahrnehmung der Interessen eines Schutzhäftlings gegenüber der Staatspolizei durch einen Rechtsanwalt ist mir nichts bekannt. Ich bitte das Justizministerium, seinerseits meine Auffassung nachzuprüfen und, falls meine Auffassung geteilt wird, bei dem Innenministerium dahin vorstellig zu werden, daß die Polizeistellen, vornehmlich die Polizeistelle in R., über die Zulässigkeit der Anwaltsvertretung auch in Schutzhaftsachen unterrichtet sind.

Ich will nur kurz darauf hinweisen, daß die Begründung der Staatspolizeistelle für ihre Auffassung offenbar verfehlt ist. Wenn die Staatspolizeistelle auch aus politischen Gründen nach eigenem Ermessen handelt, so hat das doch nichts damit zu tun, daß der Schutzhäftling persönlich oder durch einen Anwalt seine Interessen gegenüber der Maßnahme der Staatspolizei wahrnimmt. Verfehlt ist auch die Begründung, daß minderbemittelte Schutzhäftlinge nicht schlechter gestellt sein sollten als wohlhabende. Es kann m. E. der Staatspolizei nur recht sein, wenn ein Schutzhäftling die Mittel aufwendet, um seine Stellungnahme zu einer Maßnahme der Staatspolizei in sachlicher und angemessener Form durch einen Anwalt vorzutragen. Eine solche Vertretung ist um so wünschenswerter, wenn der Häftling selbst persönlich zur sachlichen Wahrnehmung seiner Interessen gar nicht in der Lage ist.

Heil Hitler!
gez. Dr. Steinhaus.

Der Reichs- und Preußische Justizminister
Va 24 085/35

Berlin W 8, den 31. Jan. 1935.

Betrifft: Anwaltsvertretung in Schutzhaftsachen.

Zu dem dortigen Schreiben vom 10. Oktober 1934 hat sich der Herr Reichs- und Preußische Minister des Innern wie folgt geäußert:

Der in seiner Zuschrift vom 10. Oktober 1934 geäußerten Auffassung des Bundes Nationalsozialistischer Deutscher Juristen, Gau Oberlandesgerichtsbezirk Hamm, trete ich bei. Ein Ausschluß von Rechtsanwälten in der Vertretung von Rechtsangelegenheiten kann nur insoweit anerkannt werden, als er ausdrücklich festgelegt ist.

Dieser Auffassung trete ich bei.

Im Auftrage
gez. Richter.

Sechster Abschnitt:

Anrechnung von Schutzhaft auf die Strafe.

Hinsichtlich der Frage der Anrechnung der Schutzhaft auf die Strafe ist zwischen § 60 StGB. und § 450 StPO. zu unterscheiden.

I. Anrechnung nach § 60 des Strafgesetzbuches.

Die Frage, ob die Schutzhaft auf eine gerichtliche Strafe gemäß § 60 StGB.[1]) angerechnet werden kann, hat in allen

[1]) § 60 StGB. bestimmt: „Eine erlittene Untersuchungshaft kann bei Fällung des Urteils auf die Strafe ganz oder teilweise angerechnet werden.“

Fällen praktische Bedeutung, in denen anschließend an die Schutzhaft ein öffentliches Strafverfahren gegen den Häftling durchgeführt wird.

a) Die Frage war zunächst lebhaft umstritten[2]): verneinend vor allem das Bayerische Oberste Landesgericht vom 30. April 1934 (Rev.Reg. II Nr. 58/34, abgedruckt S. 87) bejahend das Kammergericht vom 30. November 1935, OJ. 435/33, vom 12. Dezember 1933, OJ. 102/33, das Oberlandesgericht Hamm vom 16. Mai 1934, OJ. 882/33, das Oberlandesgericht Kassel vom 7. Oktober 1934, OJ. 125/33 (abgedruckt S. 88) und der Volksgerichtshof vom 17. Oktober 1934, 13 J. 98/33 (abgedruckt S. 89). Seit das Reichsgericht mehrfach Stellung genommen hat, ist die Frage als endgültig bejaht anzusehen: Nach dem Urteil des III. Straffenats vom 30. September 1935, 3 D. 527/35 (abgedruckt S. 90), hat das Strafgericht klarzustellen, ob es sich bei der Schutzhaft um die Polizeihaft eines gemäß §§ 127, 128 StPO. vorläufig Festgenommenen handelt oder um eigentliche Schutzhaft auf Grund des § 1 der VO. v. 28. Februar 1933 (RGBl. I S. 83). Im ersten Falle wäre die Anrechnung auf die Freiheitsstrafe ohne weiteres zulässig, im letzten Falle dann, wenn die Haft zur Sicherung der Strafverfolgung oder zur Untersuchung der Straftat angeordnet gewesen sein sollte. Denn § 60 StGB. versteht unter Untersuchungshaft nicht nur die Haft der §§ 112 ff. StPO., sondern jede behördliche Freiheitsentziehung, die der Strafverfolgung dient (RGSt. Bd. 38 S. 182). Das kann (nicht muß) aber auch bei der Schutzhaft der Fall sein. Dieser Stellungnahme hat sich der V. Straffenat in seinem Urteil vom 28. Oktober 1935, 5 D. 640/35, angeschlossen. Der I. Straffenat hat sich ebenfalls die Auffassung beider Senate zu eigen gemacht (Urteil vom 28. Februar 1936, 1 D. 573/35 (abgedruckt S. 90), und ergänzend darauf hingewiesen, daß der Reichsjustizminister in seinem Erlaß an die Generalstaatsanwälte vom 17. Juni 1935 die grundsätzliche Stellungnahme des Führers zur Frage der Anrechnung der Schutzhaft auf die Strafzeit bekanntgegeben hat. Danach soll sie in der Regel vorbehaltlich besonderer Ausnahmen angerechnet werden. Nicht anrechnungsfähig ist dagegen nach diesem Erlaß die gegen führende kommunistische Funktionäre verhängte Schutzhaft, bei denen sie „als allgemeine Abwehrmaßnahmen selbständig und

---

[2]) Vgl. Rietzsch in „Deutsche Justiz" 1934 S. 1647 f.

ohne Zusammenhang mit einer einzelnen Straftat verfügt worden ist".

b) „Ist somit Schutzhaft nur anrechnungsfähig, soweit und weil sie den Charakter der Untersuchungshaft hat, so ist sie natürlich auch den gleichen Anrechnungsgrundsätzen wie die Untersuchungshaft unterworfen und kann insbesondere auch hinsichtlich der Dauer, mit der sie anzurechnen ist, keine Sonderstellung einnehmen. Nun ist es anerkannten Rechts, daß nur diejenige Untersuchungshaft anrechnungsfähig ist, die der Verurteilte bis zum Urteilsspruch wirklich erlitten hat. Schon der Wortlaut des § 60 StGB. läßt kaum eine andere Deutung zu. Es ergibt sich indirekt auch aus der Vorschrift des § 450 StPO., wonach (allerdings ohne Rücksicht darauf, ob das Gericht die vor der Verurteilung erlittene Untersuchungshaft angerechnet hat) die seit Rechtsmittelverzicht oder -rücknahme oder seit fruchtlosem Ablauf der Rechtsmittelfrist erlittene Untersuchungshaft, nicht aber die zwischen diesem Zeitpunkt und dem Urteilsspruch erlittene Untersuchungshaft unverkürzt anzurechnen ist (vgl. RGSt. Bd. 5 S. 173; Bd. 54 S. 24). Also hat auch die Anrechnung noch nicht erlittener Schutzhaft schlechthin als unzulässig zu gelten, wenn man sich nicht aus den eingangs angestellten Erwägungen zu einer extensiven Auslegung von § 60 StGB. für beide Einrichtungen — Schutzhaft und Untersuchungshaft — verstehen wollte. Vor allem aus Gründen der Rechtssicherheit, aber auch um der Autorität des Richterspruchs willen, ist jedoch daran festzuhalten, daß das Urteil einen im Augenblick seiner Verkündung in jeder Hinsicht vollkommenen und fertigen Wahrspruch enthalten sollte. Überdies sprechen auch die guten Gründe, die mit zum Verbot der Anrechnung künftiger Untersuchungshaft geführt haben dürften, in gleichem Maße gegen die Anrechnung künftiger Schutzhaft. Es geht nicht an, dem Schutzhäftling durch sie den Anreiz oder auch nur die Möglichkeit zu geben, die Strafhaft durch die Einlegung und spätere Rücknahme von Rechtsmitteln zugunsten der Schutzhaft abzukürzen. Demnach bleibt den Strafverfolgungsbehörden zur Vermeidung etwaiger Härten nur der Weg, bei den zuständigen Stellen auf eine möglichst prompte Überführung von Schutzhäftlingen in die Strafhaft hinzuwirken, aber ihren Ausgleich notfalls dem Gnadenverfahren zu überlassen.' (Kelz, Deutsche Justiz 1936 S. 1610.)

II. Anrechnung nach § 450 der Strafprozeßordnung.

a) Was für § StGB. ausgeführt ist, gilt sinngemäß auch für § 450 StPO.[3]). Mit anderen Worten: Schutzhaft ist auf die erkannte Strafe anzurechnen, seit der Verurteilte die Einlegung eines Rechtsmittels unterlassen, ein eingelegtes Rechtsmittel zurückgenommen hat, oder seitdem die Einlegungsfrist abgelaufen ist, ohne daß der Verurteilte eine Erklärung abgegeben hat.

b) „Nun besteht in der Praxis allerdings die Schwierigkeit, daß nur dann, wenn das Gericht die nach § 60 StGB. zulässige Anrechnung ausgesprochen hat, für die Strafvollstreckungsbehörde feststeht, daß die Schutzhaft der Durchführung des Strafverfahrens dient (im Gegensatz zur Untersuchungshaft, wo es notwendigerweise stets der Fall ist). Deshalb beschränkt wohl auch § 23 Abs. 2 StrVO.[4]) die Anrechnung der Schutzhaft nach § 450 StPO. ausdrücklich auf diese Fälle. Diese Lösung vermag aber nicht ganz zu befriedigen, weil es auch Fälle gibt, in denen eine Anrechnung nach § 60 StGB. nicht stattfindet, die Voraussetzungen für eine Anrechnung nach § 450 StPO. aber gleichwohl vorliegen. Denn die Anrechnung nach § 60 StGB. steht im Ermessen des Gerichts und kann aus verschiedenen Gründen abgelehnt werden; das Gericht hat aber auch die Möglichkeit, an sich anrechnungsfähige Schutzhaft und Untersuchungshaft lediglich im Rahmen der Strafzumessung zu berücksichtigen. Auch in diesen Fällen muß folgerichtig aus Gründen der Rechtsgleichheit Anrechnung der Schutzhaft nach § 450 StPO. stattfinden. Allerdings muß auch hier die Voraussetzung des § 23 Abs. 2 StrVO. in Gestalt der gerichtlichen Feststellung, daß die Schutzhaft der Strafverfolgung dient, geschaffen werden. Diese Feststellung der Strafvollstreckungsbehörde zu überlassen, geht nicht an. Es empfiehlt sich deshalb, daß das Gericht dann, wenn eine Anrechnung der Schutzhaft nach § 60 StGB. nicht stattfindet, obwohl ihre Voraussetzungen vorliegen, im Urteil ausspricht, daß die Schutz-

---

[3]) § 450 StPO. bestimmt: „Auf die zu vollstreckende Freiheitsstrafe ist unverkürzt die Untersuchungshaft anzurechnen, welche der Angeklagte erlitten hat, seit er auf Einlegung eines Rechtsmittels verzichtet oder das eingelegte Rechtsmittel zurückgenommen hat, oder seitdem die Eintragungsfrist abgelaufen ist, ohne daß er eine Erklärung abgegeben hat."

[4]) Abgedruckt S. 66.

haft nach § 450 StPO. anrechnungsfähig sei." (Kelz, Deutsche Justiz 1936 S. 1612.)

Siebenter Abschnitt:

Die arbeitsrechtlichen Folgen der Verhängung von Schutzhaft.

Die Verhängung von Schutzhaft hat arbeits- und versicherungsrechtliche Folgen. Über die versicherungsrechtlichen Folgen soll im nächsten Abschnitt gesprochen werden. Die hier zunächst zu untersuchenden arbeitsrechtlichen Folgen äußern sich darin, daß die Verhängung von Schutzhaft über einen Arbeitnehmer[1]) sehr wesentlich auf das Arbeitsverhältnis einzuwirken vermag. Die Verhängung von Schutzhaft über einen Arbeitnehmer gibt dem Arbeitgeber einen Rechtsgrund zur Auflösung des Arbeitsverhältnisses. Der Arbeitgeber kann dem in Schutzhaft genommenen Arbeitnehmer sowohl unter Wahrung der gesetzlichen Frist kündigen als auch ihn fristlos entlassen.

I. Die ordentliche Kündigung des in Schutzhaft genommenen Arbeitnehmers.

Es kann kein Zweifel sein, daß die ordentliche Kündigung eines in Schutzhaft genommenen Arbeitnehmers, d. h. die Kündigung unter Wahrung der durch Tarifordnung, durch den als Tarifordnung weitergeltenden Tarifvertrag, durch privaten Vertrag bestimmten Kündigungsfrist, aus diesem Grunde, d. h. wegen Verhängung der Schutzhaft, uneingeschränkt zulässig ist. Jedoch bedarf es der Klärung besonderer Fragen, wenn der zu Kündigende einem Betriebe mit in der Regel zehn Beschäftigten angehört hat oder Schwerbeschädigter ist. Denn das für

[1]) In den nachstehenden Ausführungen werden die Worte „Arbeitgeber" und „Arbeitnehmer" noch verwendet, obwohl sie, ebenso wie die Begriffe selbst, vom nationalsozialistischen Arbeitsrecht überwunden, auch in der Wortfassung der neuen Gesetze nicht mehr enthalten sind. Da aber zahlreiche noch geltende arbeitsrechtliche Gesetze aus früherer Zeit, insbesondere außerdem die Gesetze der Sozialversicherung diese Begriffe enthalten, erscheint es bis zur Neufassung dieser Gesetze zweckmäßig, sie in Darstellungen aus ihren Rechtsgebieten zu gebrauchen, um Irrtümer zu vermeiden. Auch das Steuerrecht (Lohnsteuer) verwendet diese Begriffe noch.

Betriebe dieser Art geltende Gesetz zur Ordnung der nationalen Arbeit (bzw. das Gesetz zur Ordnung der Arbeit in öffentlichen Betrieben und Verwaltungen) und das Schwerbeschädigtengesetz enthalten Kündigungsbeschränkungen.

1. § 56 des Gesetzes zur Ordnung der nationalen Arbeit vom 20. Januar 1934 (RGBl. I S. 45), der gemäß § 22 des Gesetzes zur Ordnung der Arbeit in öffentlichen Verwaltungen und Betrieben vom 23. März 1934 (RGBl. I S. 220) auch für den Geltungsbereich dieses Gesetzes Anwendung findet[2]), gibt dem Angestellten und Arbeiter nach einjähriger Beschäftigung in dem gleichen Betrieb oder dem gleichen Unternehmen, sofern es sich um einen Betrieb mit in der Regel mindestens zehn Beschäftigten handelt, das Recht, im Falle der Kündigung binnen zwei Wochen nach Zugang der Kündigung beim Arbeitsgericht mit dem Antrag auf Widerruf der Kündigung zu klagen, wenn diese unbillig hart und nicht durch die Verhältnisse des Betriebes bedingt ist. Diese Widerspruchsklage ist im Falle der Kündigung wegen verhängter Schutzhaft nicht begründet. Denn eine solche Kündigung kann nicht als unbillig hart und muß stets als durch die Verhältnisse des Betriebes bedingt angesehen werden, weil es dem Arbeitgeber nicht zugemutet werden kann, einen Arbeitnehmer, dessen staatsfeindliche Einstellung gegen den Staat erwiesen ist, weiter zu beschäftigen. Dagegen ist

2. die fristgemäße Entlassung eines Vertrauensmannes wegen verhängter Schutzhaft nicht zulässig. Denn nach § 14 Absatz 1 Satz 2 des Gesetzes zur Ordnung der nationalen

---

[2]) § 56 des Gesetzes zur Ordnung der nationalen Arbeit lautet: „(1) Wird einem Angestellten oder Arbeiter nach einjähriger Beschäftigung in dem gleichen Betrieb oder dem gleichen Unternehmen gekündigt, so kann er, wenn es sich um einen Betrieb mit in der Regel mindestens zehn Beschäftigten handelt, binnen zwei Wochen nach Zugang der Kündigung beim Arbeitsgericht mit dem Antrag auf Widerruf der Kündigung klagen, wenn diese unbillig hart und nicht durch die Verhältnisse des Betriebes bedingt ist.

(2) Der Klage ist, wenn in dem Betrieb ein Vertrauensrat errichtet ist, eine Bescheinigung des Vertrauensrates beizufügen, aus der sich ergibt, daß die Frage der Weiterbeschäftigung im Vertrauensrat erfolglos beraten worden ist. Von der Beibringung der Bescheinigung kann abgesehen werden, wenn der Gekündigte nachweist, daß er binnen fünf Tagen nach Zugang der Kündigung den Vertrauensrat angerufen, dieser aber die Bescheinigung innerhalb von fünf Tagen nach dem Anruf nicht erteilt hat."

Arbeit[3]) ist jede Kündigung eines Vertrauensmannes unzulässig, sofern es sich nicht um eine berechtigte fristlose Entlassung handelt (ebenso § 12 Abs. 1 des Gesetzes zur Ordnung der Arbeit in öffentlichen Verwaltungen und Betrieben). Ein Vertrauensmann kann deshalb wegen verhängter Schutzhaft nur fristlos entlassen werden (s. nachstehend II).

3. Bei fristgemäßer Entlassung eines Schwerbeschädigten gilt § 13 Absatz 1 des Gesetzes über die Beschäftigung Schwerbeschädigter[4]). Der Arbeitgeber muß also die Zustimmung der Hauptfürsorgestelle einholen.

II. Die außerordentliche Kündigung des Arbeitnehmers wegen Verhängung von Schutzhaft.

Praktisch weit bedeutsamer als die Möglichkeit der fristgemäßen Kündigung ist die Frage, ob ein Arbeitgeber seinen Arbeitnehmer fristlos entlassen kann, wenn und weil dieser in Schutzhaft genommen ist. Diese Frage ist grundsätzlich zu bejahen: Die außerordentliche Kündigung wegen verhängter Schutzhaft ist zulässig.

a) Die Verhängung der Schutzhaft als „wichtiger Grund" zur außerordentlichen Kündigung.

Es ist zunächst zu prüfen, ob die Verhängung von Schutzhaft ein „wichtiger Grund" im Sinne jener arbeitsrechtlichen

[3]) § 14 Abs. 1 des Gesetzes zur Ordnung der nationalen Arbeit lautet: „(1) Das Amt eines Vertrauensmannes erlischt, abgesehen von der freiwilligen Amtsniederlegung, mit dem Ausscheiden aus dem Betriebe. Die Kündigung des Dienstverhältnisses eines Vertrauensmannes ist unzulässig, es sei denn, daß sie infolge Stilllegung des Betriebes oder einer Betriebsabteilung erforderlich wird oder aus einem Grunde erfolgt, der zur Kündigung des Dienstverhältnisses ohne Einhaltung einer Kündigungsfrist berechtigt."

[4]) § 13 Abs. 1 des Gesetzes über die Beschäftigung Schwerbeschädigter lautet: „Einem Schwerbeschädigten kann nur mit Zustimmung der Hauptfürsorgestelle gekündigt werden. Die Hauptfürsorgestelle hat ihre Zustimmung zu erteilen, wenn dem Schwerbeschädigten ein anderer angemessener Arbeitsplatz gesichert ist. Die Kündigungsfrist beträgt mindestens vier Wochen. Die Zustimmung ist bei der Hauptfürsorgestelle schriftlich zu beantragen; die Kündigungsfrist läuft erst von dem Tage der Absendung des Antrages. Wird der Hauptfürsorgestelle der Antrag zugestellt, so gilt mit Ablauf des 14. Tages nach der Zustellung die Zustimmung als erteilt, falls sie nicht vorher verweigert wird. Die Zustellung wird durch eine Empfangsbescheinigung der Hauptfürsorgestelle ersetzt."

Gesetzesbestimmungen ist, welche die fristlose Entlassung aus solchem Grunde zulassen.

Diese Frage hat Bedeutung auch für das Arbeitsverhältnis, in welchem eine Körperschaft des öffentlichen Rechts Arbeitgeber ist, u. zw. aus folgendem Grunde: Wenn auch im einzelnen Falle die Inschutzhaftnahme dem Arbeitgeber den Beweis erbringen würde, daß der Arbeitnehmer eine nicht einwandfreie politische Betätigung im Sinne des Gesetzes zur Wiederherstellung des Berufsbeamtentums vom 7. April 1933 sich hat zu Schulden kommen lassen, und wenn demgemäß der Arbeitgeber zur außerordentlichen Kündigung auf Grund dieses Gesetzes berechtigt wäre, so würde dem Arbeitnehmer im Falle einer so begründeten Kündigung der Anspruch auf seine bisherigen Bezüge auf drei Monate verbleiben. Dieser Anspruch entfällt dagegen, wenn die Schutzhaft ein wichtiger Grund im Sinne der nachstehenden Bestimmungen ist.

1. Die gesetzlichen Bestimmungen,

die in Betracht zu ziehen sind, sind:

§ 626 des Bürgerlichen Gesetzbuches[5]),

§ 70 des Handelsgesetzbuches[6]),

§ 124a der Gewerbeordnung[7]),

§ 25 Abs. 1 des Gesetzes betr. die privatrechtlichen Verhältnisse der Binnenschiffahrt[8]),

---

[5]) § 626 BGB. lautet: „Das Dienstverhältnis kann von jedem Teile ohne Einhaltung einer Kündigungsfrist gekündigt werden, wenn ein wichtiger Grund vorliegt."

[6]) § 70 HGB. lautet: „(1) Das Dienstverhältnis kann von jedem Teile ohne Einhaltung einer Kündigungsfrist gekündigt werden, wenn ein wichtiger Grund vorliegt.

(2) Wird die Kündigung durch vertragswidriges Verhalten des anderen Teiles veranlaßt, so ist dieser zum Ersatz des durch die Aufhebung des Dienstverhältnisses entstehenden Schadens verpflichtet."

[7]) § 124a GewO. lautet: „Außer den in §§ 123 und 124 bezeichneten Fällen kann jeder der beiden Teile aus wichtigen Gründen vor Ablauf der vertragsmäßigen Zeit und ohne Innehaltung einer Kündigungsfrist die Aufhebung des Arbeitsverhältnisses verlangen, wenn dasselbe mindestens auf vier Wochen oder wenn eine längere als vierzehntägige Kündigungsfrist vereinbart ist."

[8]) § 25 Abs. 1 des Gesetzes betr. die privatrechtlichen Verhältnisse der Binnenschiffahrt lautet: „Hinsichtlich der Aufkündigung eines auf unbestimmte Zeit eingegangenen Dienstverhältnisses so-

§ 133b der Gewerbeordnung[9]),

§ 16 Abs. 1 des Gesetzes betr. die privatrechtlichen Verhältnisse der Flößerei[10]),

§ 13 Abs. 2 des Gesetzes über die Beschäftigung Schwerbeschädigter[11]).

2. Die Zulässigkeit der außerordentlichen Kündigung wegen Verhängung der Schutzhaft.

Die Zulässigkeit der außerordentlichen Kündigung wegen Verhängung der Schutzhaft ist dann gegeben, wenn die Verhängung von Schutzhaft ein „wichtiger Grund" im Sinne der vorstehend herangezogenen gesetzlichen Bestimmungen ist. Es kommt also auf die Auslegung des Begriffes des „wichtigen Grundes" an.

Nach der Rechtsprechung des Reichsarbeitsgerichts liegt ein wichtiger zur fristlosen Aufkündigung des Dienstverhältnisses berechtigender Grund immer dann vor, wenn Umstände eingetreten sind, welche nach verständigem Ermessen dem einen oder anderen Teile die Fortsetzung des Arbeitsverhältnisses

---

wie hinsichtlich der Voraussetzungen, unter welchen dem Schiffseigner und dem Schiffsmanne das Recht zusteht, die Auflösung des Dienstverhältnisses vor Ablauf der vertragsmäßigen Zeit und ohne Innehaltung einer Kündigungsfrist zu verlangen, finden die Bestimmungen der §§ 122 bis 124a der Gewerbeordnung mit der Maßgabe Anwendung, daß die sofortige Entlassung des Schiffsmannes (§ 123 der Gewerbeordnung) auch stattfinden kann, wenn der Antritt oder die Fortsetzung der Reise durch den Eintritt des Winters verhindert wird."

[9]) § 133b Gew.O. lautet: „Jeder der beiden Teile kann vor Ablauf der vertragsmäßigen Zeit und ohne Innehaltung einer Kündigungsfrist die Aufhebung des Dienstverhältnisses verlangen, wenn ein wichtiger, nach den Umständen des Falles die Aufhebung rechtfertigender Grund vorliegt."

[10]) § 16 Abs. 1 des Gesetzes betr. die privatrechtlichen Verhältnisse der Flößerei lautet: „Der Floßführer untersteht, soweit nicht in diesem Gesetze ein anderes bestimmt ist, den Vorschriften, welche für die im § 133a der Gewerbeordnung bezeichneten Personen gelten."

[11]) § 13 Abs. 2 des Gesetzes über die Beschäftigung Schwerbeschädigter lautet: „Die gesetzlichen Bestimmungen über die fristlose Kündigung werden nicht berührt. Wenn es sich um eine Krankheit handelt, die eine Folge der Kriegsbeschädigung ist, muß die Zustimmung der Hauptfürsorgestelle eingeholt werden."

nicht mehr zumuten lassen, da durch sie das Interesse eines Teiles in unbilliger Weise geschädigt werden würde. Solche Umstände können auch ohne Verschulden der Parteien eintreten[12]).

Es kann keinem Zweifel unterliegen, daß die Verhängung von Schutzhaft in der Regel ein wichtiger Grund im Sinne der genannten Gesetzesbestimmungen und ihrer Auslegung durch das Reichsarbeitsgericht ist (vgl. das Urteil des Landesarbeitsgerichts Frankfurt a. Main vom 7. Oktober 1935, 6 Sa. 64/35; abgedruckt S. 103). Denn das Interesse des Arbeitgebers leidet Schaden, wenn er einen Arbeitnehmer weiterbeschäftigen würde, dessen Staatsfeindlichkeit durch eine über ihn verhängte Schutzhaft erwiesen oder doch zum mindesten mit überzeu-

[12]) Vgl. folgende Entscheidungen des Reichsarbeitsgerichts: 1. RAG. vom 11. Januar 1928, RAG. 34/27, Arbeitsrechtsprechung 1927/1928 Nr. 120: Die Frage des wichtigen Grundes ist nach den Umständen des Einzelfalles zu entscheiden. Sie liegt also auf tatsächlichem Gebiete, und das Revisionsgericht hat nur nachzuprüfen, ob ein bestimmtes Handeln, ein bestimmtes Ereignis einen wichtigen Grund abzugeben geeignet ist (RGZ. Bd. 103 S. 62, Bd. 110 S. 300, Bd. 78 S. 22).

2. RAG. vom 12. Dezember 1928, RAG. 184/28, Arbeitsrechtsprechung 1929 Nr. 83: „Nach der ständigen Rechtsprechung des Reichsgerichts (vgl. RGZ. Bd. 78 S. 22, Bd. 103 S. 63 und Bd. 110 S. 300) und des Reichsarbeitsgerichts (vgl. RAGEntsch. Bd. 1 S. 107 ff. und 224 sowie Urteil vom 14. November 1928 in RAG. 317/28) ist die Frage, ob ein wichtiger Grund vorliegt, der die fristlose Entlassung gemäß § 626 BGB. rechtfertigt, nach den Umständen des einzelnen Falles zu entscheiden und im allgemeinen tatsächlicher Art."

3. RAG. vom 1. Oktober 1930, RAG. 35/30, Arbeitsrechtsprechung 1930 Nr. 328: „Die Frage, ob ein wichtiger Grund zur Entlassung eines Angestellten gegeben ist, ist im wesentlichen tatsächlicher Art; in der Revisionsinstanz kann nur nachgeprüft werden, ob ein bestimmtes Ereignis oder ein bestimmtes Handeln an sich einen wichtigen Grund abzugeben geeignet ist. Ein wichtiger Grund aber liegt nach der ständigen Rechtsprechung des Reichsgerichts und des Reichsarbeitsgerichts dann vor, wenn Umstände gegeben sind, die nach verständigem Ermessen dem einen oder anderen Teile die Fortsetzung des Vertragsverhältnisses nicht mehr zumuten lassen, da durch sie das Interesse des einen Teils in unbilliger Weise geschädigt werden würde. Ist dies der Fall, so ist die fristlose Kündigung auch dann berechtigt, wenn ein Verschulden einer Partei nicht vorliegt."

gendem Grunde nahegelegt wird[13]). Man wird jedoch von dem danach festzustellenden Grundsatz, daß die Verhängung von Schutzhaft über den Arbeitnehmer dem Arbeitgeber das Recht zur fristlosen Entlassung gibt, die Ausnahme machen müssen, daß diese Wirkung der Schutzhaft nicht eintritt, wenn sie nur für ganz kurze Zeit (z. B. irrtümlich) verhängt wird.

3. Die Frist für den Ausspruch der außerordentlichen Kündigung.

aa) Nach dem Urteil des Reichsarbeitsgerichts vom 17. Oktober 1934, RAG. 40/1934 (abgedruckt S. 96) muß vor Ausspruch der fristlosen Entlassung eines in Schutzhaft genommenen Arbeitnehmers aus diesem Grunde die Aufklärung des entstandenen Verdachts abgewartet werden. Stellt sich dieser als haltlos heraus, so liegt kein wichtiger Grund zur fristlosen Entlassung vor. Dazu hat Grub (Arbeitsrecht-Kartei Heft 505, Blatt: „Wichtiger Grund", Einzelfälle 13) zutreffend bemerkt: „Dem vom Reichsarbeitsgericht gebilligten Standpunkt, daß es dem Betriebsführer zuzumuten ist, nach einer Verhaftung seines Angestellten noch einige Zeit auf eine Aufklärung des gegen den Verhafteten schwebenden Verdachts zu warten, und er erst nach dem Ergebnis dieser Aufklärung eine Entscheidung fällen soll, ist zuzustimmen. Das Vertragsverhältnis zwischen Betriebsführer und Gefolgschaftsangehörigen muß nach der nationalsozialistischen Arbeitsverfassung von dem Grundsatz der Kameradschaft und Treue beherrscht sein. Damit gebietet es sich ohne weiteres, eine fristlose Entlassung, ja auch eine ordentliche Kündigung erst auszusprechen, nachdem eine Prüfung darüber, ob der vorliegende Verdacht gerechtfertigt ist, angestellt ist. Es ist zuzugeben, daß ein Betriebsführer je nach der Arbeit, die der Verhaftete bei ihm zu leisten hatte, ge-

---

[13]) Voigt, Schutzhaft als Grund zur fristlosen Entlassung, Reichsverwaltungsblatt 1936 S. 424 hat ausgeführt: „Zwar erbringt die Tatsache der Anordnung der Schutzhaft allein noch nicht den Beweis einer staatsfeindlichen Tätigkeit, vielmehr ist stets das Tätigwerden des Staatsanwalts und des Gerichts erforderlich. Erst wenn durch Urteilsspruch eine strafbare Handlung festgestellt ist, ist der Beweis für ein staatsfeindliches Verhalten erbracht und die Schutzhaft somit zu Recht verhängt worden." Dieser auf einer völligen Verkennung des Wesens der Schutzhaft beruhenden Auffassung ist Schaefer „Deutsches Recht" 1936 S. 378 f. mit Recht entgegengetreten.

zwungen sein kann, sich rasch nach einer Ersatzkraft umzusehen, und es ihm nicht zugemutet werden kann, unter Umständen zwei Angestellte auf demselben Posten zu haben. Die dadurch drohenden Nachteile lassen sich aber ohne weiteres dadurch vermeiden, daß mit dem Neueingestellten zunächst, d. h. bis zur Klärung der Frage, ob dem in Schutzhaft Genommenen gekündigt werden kann und muß, nur ein befristetes Arbeitsverhältnis abgeschlossen wird."

bb) Die Frage, wann sich der durch die Inschutzhaftnahme bewiesene Verdacht als begründet herausgestellt hat, beantwortet sich nach dem zu S. 21 f. Gesagten. Danach dürfte eine Frist von acht Tagen ausreichen.

cc) Darüber hinaus ist dem Arbeitgeber auch dann ein mäßiger Zeitraum für die Überlegung zuzubilligen (vgl. Reichsarbeitsgericht vom 7. März 1928, RAG. 89/27, Arbeitsrechtsprechung 1927/28 Nr. 158), wenn dem Arbeitgeber schon im Zeitpunkt der Inschutzhaftnahme bekannt ist, daß der Verdacht gegen den Arbeitnehmer begründet ist (der Arbeitnehmer wird z. B. wegen staatsfeindlicher Umtriebe im Betrieb des Arbeitgebers selbst in Schutzhaft genommen). Wird dieser Zeitraum aber übermäßig überschritten, so muß das Verhalten in der Zwischenzeit als ein nachträglicher stillschweigender Verzicht aufgefaßt werden, der den Verlust des Kündigungsrechts nach sich zieht. Das würde zum Beispiel dann bedeutsam werden, wenn der Arbeitgeber annimmt, der in Schutzhaft genommene Arbeitnehmer werde alsbald wieder aus der Schutzhaft entlassen werden. Wartet der Arbeitgeber in dieser Annahme mit dem Ausspruch der fristlosen Entlassung geraume Zeit, so kann darin der Verlust der Berechtigung zur fristlosen Entlassung mit der Folge liegen, daß nunmehr nur noch die fristgemäße Kündigung zulässig ist.

4. Kein Unterschied hinsichtlich der Art der Dienstleistung.

Bei Prüfung der Frage, ob ein wichtiger Grund zur Entlassung vorliegt, ist nach der Rechtsprechung des Reichsarbeitsgerichts[14]) ein Unterschied zu machen: bei Personen, welche

---

[14]) Dieser Grundsatz ist außer in anderen besonders in folgenden Entscheidungen zum Ausdruck gekommen:

1. RAG. vom 7. März 1928, RAG. 89/27, Arbeitsrechtsprechung 1927/28 Nr. 158: „Nach der ständigen Rechtsprechung des Reichsgerichts ist die Frage, ob die Umstände des einzelnen Falles einen

Dienste höherer Art zu leisten haben, ist ein anderer Maßstab anzulegen als bei Personen, welche niedere Dienste zu leisten haben. Jedoch kann dieser Grundsatz bei der fristlosen Entlassung wegen verhängter Schutzhaft nicht zur Anwendung kommen. Sie ist — unter der vorstehend zu 3. dargelegten Voraussetzung, daß aus längerem Warten hinsichtlich ihres Ausspruches kein Verzicht entsteht — ohne Unterschied zulässig, ob der in Schutzhaft genommene Arbeitnehmer Dienste höherer oder niederer Art zu leisten hat.

5. Besondere Fragen.

Sodann sind — abschließend in diesem Zusammenhang — noch zwei besondere Fragen zu erörtern.

aa) Stehen § 72 Ziffer 3 des Handelsgesetzbuches[15]) und § 133c Abs. 1 Ziff. 4 der Gewerbeordnung[16]) der Anerkennung

---

wichtigen Grund abzugeben geeignet sind, im allgemeinen tatsächlicher Natur. In der Revisionsinstanz ist nur nachzuprüfen, ob ein bestimmtes Handeln, ein bestimmtes Ereignis an sich einen wichtigen Grund zur sofortigen Auflösung des Dienstverhältnisses bilden kann. Hierbei ist bei Personen, die Dienste höherer Art zu leisten haben, ein anderer Maßstab anzulegen als bei solchen, die nur zu Diensten einfacher Art verpflichtet sind."

2. RAG. vom 24. August 1932, RAG. 135/32, Arbeitsrechtsprechung 1932 Nr. 277: „In der Rechtsprechung ist anerkannt, daß bei Personen, die Dienste höherer Art zu leisten haben, bei Prüfung der Frage, ob sie einen wichtigen Grund zur Entlassung gegeben haben, ein anderer Maßstab anzulegen ist, als bei solchen Personen, die nur zu Diensten einfacherer Art verpflichtet sind (RARbGEntsch. Bd. 1 S. 222; Urteil vom 20. Mai 1931, RAG. 15/31 in Bensh. Sammlg. Bd. 12 S. 265)."

[15]) § 72 Ziffer 3 HGB. lautet: „Als ein wichtiger Grund, der den Prinzipal zur Kündigung ohne Einhaltung einer Kündigungsfrist berechtigt, ist es, sofern nicht besondere Umstände eine andere Beurteilung rechtfertigen, namentlich anzusehen:

3. Wenn er (d. h. der Handlungsgehilfe, d. Vf.) durch anhaltende Krankheit, durch eine längere Freiheitsstrafe oder Abwesenheit oder durch eine die Zeit von acht Wochen übersteigende militärische Dienstleistung an der Verrichtung seiner Dienste verhindert wird."

[16]) § 133c Abs. 1 Ziffer 4 GewO. lautet: „Gegenüber den im § 133a bezeichneten Personen kann die Aufhebung des Dienstverhältnisses insbesondere verlangt werden:

4. Wenn sie durch anhaltende Krankheit oder durch eine längere Freiheitsstrafe oder Abwesenheit an der Verrichtung ihrer Dienste verhindert werden."

der Schutzhaft als wichtiger Grund entgegen? Diese Frage ist zu verneinen (vgl. das Urteil des Landesarbeitsgerichts Frankfurt a. Main vom 7. Oktober 1935, 6 Sa. 64/35; abgedruckt S. 103).

Die verneinende Antwort ist mehrfach begründet. Zunächst führen § 72 des Handelsgesetzbuches und § 133c der Gewerbeordnung nach herrschender Meinung die Gründe, welche die fristlose Entlassung rechtfertigen, nicht erschöpfend, sondern nur Beispiele aufzählend, an. Das Reichsarbeitsgericht hat sodann die Untersuchungshaft der in § 72 Ziff. 3 des Handelsgesetzbuches genannten Freiheitsstrafe gleichgestellt[17]). Gleiches

[17]) RAG. vom 10. August 1932, RAG. 145/32, Arbeitsrechtsprechung 1932 Nr. 256: „Was nun den ersten wichtigen Grund zur fristlosen Entlassung des Klägers anbetrifft, den das angefochtene Urteil als vorliegend erachtet, so stellt das Berufungsgericht nicht fest, daß der Kläger sich im Betriebe der Beklagten einer strafbaren Handlung schuldig gemacht hat, sondern nur, daß er in den Verdacht einer derartigen Handlung gekommen war. Die vom Revisionsgericht allein nachzuprüfende Frage ist also die, ob der Verdacht einer strafbaren Handlung, mag diese auch mit den dienstlichen Obliegenheiten des Entlassenen in Zusammenhang stehen, allein ausreichen kann, um das für das Dienstverhältnis notwendige Vertrauen bei dem Dienstherrn derart zu erschüttern, daß ihm eine Fortsetzung des Dienstverhältnisses auch nur bis zum Ablauf der gesetzlichen Kündigungsfrist nicht mehr zuzumuten ist. Die Frage ist in aller Regel zu verneinen. Der bloße und nicht etwa schuldhaft herbeigeführte Verdacht, eine strafbare Handlung begangen zu haben, bildet regelmäßig noch keinen Grund zur fristlosen Entlassung. Dies entspricht auch der Auffassung des vom Berufungsgericht im anderen Zusammenhange erwähnten Urteils des Reichsarbeitsgerichts vom 14. November 1931, RAG. 237/31 (abgedr. Bensh. Sammlg. Bd. 13 S. 487 ff.). Doch hätte das Berufungsgericht an sich prüfen sollen, ob nicht unerachtet der Freisprechung des Klägers ein Sachverhalt zurückgeblieben ist, der unter Vertragsgesichtspunkten immer noch die Entlassung rechtfertigt. Im vorliegenden Fall erübrigt sich jedoch die Prüfung.

Denn der weitere Umstand, in welchem das Berufungsgericht einen wichtigen Grund zur fristlosen Entlassung des Klägers erblickt, ist geeignet, einen solchen abzugeben, und rechtfertigt daher die Bejahung des Rechts der Beklagten zur fristlosen Entlassung des Klägers. Im Augenblick der fristlosen Entlassung des Klägers konnte die Beklagte, wie das Berufungsgericht feststellt, nach dem Verlauf des Ermittlungsverfahrens gegen die einige Wochen vorher verhafteten Direktoren mit einer längeren Dauer der Untersuchungshaft des Klägers rechnen. Tatsächlich hat auch die Unterkann und muß von der insofern gleichbedeutenden Bestimmung in § 133c Abs. 1 Ziff. 4 der Gewerbeordnung und von der Schutzhaft gelten. Endlich fällt die Schutzhaft außerdem noch unter den von § 72 Ziffer 3 des Handelsgesetzbuches und von § 133c Abs. 1 Ziff. 4 der Gewerbeordnung gebrauchten Begriff der längeren Abwesenheit.

bb) Nach § 16 der vorläufigen Landarbeitsordnung ist politische und gewerkschaftliche Betätigung kein Entlassungsgrund. Man könnte deshalb anzunehmen versucht sein, die Verhängung von Schutzhaft sei für den Bereich der vorläufigen Landarbeitsordnung kein ausreichender Grund zur fristlosen Entlassung. Das wäre aber nicht zutreffend. Denn die Schutzhaft ist keine politische Betätigung, sondern die Folge einer solchen. Entlassung wegen politischer Betätigung und Entlassung wegen verhängter Schutzhaft sind mithin keineswegs dasselbe.

b) Die Verhängung der Schutzhaft als besonderer Grund der außerordentlichen Kündigung.

Nicht auf alle Arbeitnehmer findet eine der vorstehend zu a, 1 genannten gesetzlichen Vorschriften Anwendung. Wenn die Voraussetzungen des § 124a der Gewerbeordnung[18]) (vereinbarte Dauer des Arbeitsverhältnisses von mindestens vier Wochen oder vereinbarte Kündigungsfrist von länger als vierzehn Tagen) nicht zutreffen oder wenn es sich um Vertrauensratsmitglieder handelt, auf welche § 124a der Gewerbeord-

suchungshaft des Klägers längere Zeit, nämlich rund 10 Wochen, gedauert. Eine Dienstverhinderung auf so lange Zeit rechtfertigt auf jeden Fall die fristlose Entlassung. § 72 HGB., der unter Nr. 3 nur die längere Dienstverhinderung durch Freiheitsstrafe, aber nicht durch Untersuchungshaft erwähnt, steht dem nicht entgegen. Denn er will die wichtigen Gründe, welche die fristlose Entlassung des Handlungsgehilfen rechtfertigen, nicht erschöpfend aufzählen, sondern nur ihre Hauptbeispiele anführen. Ferner ist es anerkannten Rechtes, daß der wichtige Grund nicht auf einem Verschulden des fristlos Entlassenen zu beruhen braucht."

[18]) § 124a der Gewerbeordnung lautet: „Außer den in §§ 123 und 124 bezeichneten Fällen kann jeder der beiden Teile aus wichtigen Gründen vor Ablauf der vertragsmäßigen Zeit und ohne Innehaltung einer Kündigungsfrist die Aufhebung des Arbeitsverhältnisses verlangen, wenn dasselbe mindestens auf vier Wochen oder wenn eine längere als vierzehntägige Kündigungsfrist vereinbart ist."

nung nicht anwendbar ist[19]), so gelten § 123 der Gewerbeordnung[20]), § 82 des Preußischen allgemeinen Berggesetzes[21]), § 26 des Binnenschiffahrtsgesetzes[22]).

1. Die Verhängung von Schutzhaft als Ursache von Arbeitsunfähigkeit.

§ 123 der Gewerbeordnung, auf welche Vorschrift die nachstehende Erörterung eingeschränkt wird, läßt in Ziffer 8 seines ersten Absatzes die fristlose Entlassung zu, wenn der Arbeitnehmer „zur Fortsetzung der Arbeit unfähig wird".

aa) Auch tatsächliche Verhinderung fällt unter diese Vorschrift. Es besteht weiterhin in Rechtsprechung und Schrifttum Einigkeit darüber, daß die Arbeitsunfähigkeit im Sinne des § 123 Abs. 1 Ziff. 8 der Gewerbeordnung keine dauernde und vollständige zu sein braucht, so daß auch eine nur vorübergehende Arbeitsunfähigkeit den Tatbestand dieser Gesetzesbestimmung erfüllt (Kommissionsbericht S. 1454; Stenographische Berichte S. 2179; Gewerbegericht Mainz im Gewerbearchiv Bd. 7 S. 302; Landmann-Rohmer, Kommentar zur Gewerbeordnung Bd. II, 2, 8. Auflage 1932 S. 477).

bb) Es besteht andererseits auch kaum noch eine Meinungsverschiedenheit darüber, daß nicht jeder Eintritt der Arbeitsunfähigkeit zur sofortigen Aufkündigung des Arbeitsvertragsverhältnisses berechtigt, sondern daß nur eine eine verhältnismäßig nicht unerhebliche Zeit währende Arbeitsunfähigkeit das Kündigungsrecht des Arbeitgebers auslöst. Ist anzuneh-

---

[19]) Wie das Reichsarbeitsgericht mehrfach entschieden hat (z. B. vom 26. September 1928, 87/28; vom 14. Februar 1931, 542/30); vgl. Grub, Fristlose Kündigung aus „wichtigem Grunde", Arbeitsrechtkartei Heft 526.

[20]) § 123 Abs. 8 GewO. lautet: „Vor Ablauf der vertragsmäßigen Zeit und ohne Aufkündigung können Gesellen und Gehilfen entlassen werden:

8. wenn sie zur Fortsetzung der Arbeit unfähig oder mit einer abschreckenden Krankheit behaftet sind."

[21]) § 82 Abs. 1 Ziffer 8 des Allgemeinen Berggesetzes für die preußischen Staaten lautet: „Vor Ablauf der vertragsmäßigen Arbeitszeit und ohne Aufkündigung können Bergleute entlassen werden:

8. wenn sie zur Fortsetzung der Arbeit unfähig oder mit einer abschreckenden Krankheit behaftet sind."

[22]) § 25 des Gesetzes, betr. die privatrechtlichen Verhältnisse der Binnenschiffahrt vgl. vorstehend S. 40 Anmerkung 8.

men, daß die Arbeitsfähigkeit in absehbarer Zeit wiedererlangt wird, dann ist § 123 Abs. 1 Ziff. 8 GewO. nicht anwendbar (Landesarbeitsgericht Krefeld vom 10. Oktober 1928, Arbeitsrecht-Sammlung Bd. 5, S. 51)[23]). Bei einer Auslegung des § 123 Abs. 1 Ziff. 8 der Gewerbeordnung nach den Grundsätzen des § 242 BGB. wird man die Schutzhaft als einen zur fristlosen Entlassung i. S. jener Vorschrift berechtigenden Umstand anerkennen müssen (Landesarbeitsgericht München vom 14. Juli 1933, BerRAG. Nr. 65/33, abgedruckt S. 91); Arbeitsgericht Pforzheim vom 22. Dezember 1933, AN. 327/33, abgedruckt S. 92), es sei denn, daß sie nur irrtümlich oder für wenige Tage verhängt ist, also nur eine verhältnismäßig nicht erhebliche Behinderung im Sinne des § 616 BGB. bedeutet.

2. Folgerungen.

Es sind vor allem vier Folgerungen aus dem vorstehend gewonnenen Ergebnis, daß die Verhängung von Schutzhaft den Arbeitnehmer zur Fortsetzung der Arbeit unfähig i. S. der genannten Bestimmungen macht, festzustellen:

aa) Ein Anspruch auf Entschädigung aus § 123 Abs. 3 GewO.[24]) steht dem Schutzhäftling im Falle der fristlosen Entlassung nach § 123 Abs. 1 Ziff. 1 der Gewerbeordnung wegen verhängter Schutzhaft von voraussichtlich längerer Dauer nicht zu.

---

[23]) Das Landesarbeitsgericht Magdeburg vom 22. August 1929, 20. S. 73/29, Arbeitsrechtsprechung 1929, Nr. 356 hat z. B. zutreffend ausgeführt: „Die Frage, ob es sich bei der Unfähigkeit zur Fortsetzung der Arbeit um eine solche für eine verhältnismäßig erhebliche Zeit handelt, wird nach der tatsächlichen Lage und den beiderseitigen Interessen ... zu entscheiden sein. Die Entscheidung kann nur von Fall zu Fall nach den gegebenen besonderen Umständen getroffen werden. Letzten Endes werden die Grundsätze von Treu und Glauben (§ 242 BGB.), die ja in besonderem Maße gerade auch das Gebiet des Arbeitsrechts beherrschen, ausschlaggebend sein; es wird also die Entscheidung darauf abzustellen sein, ob dem Arbeitgeber nach verständigem Ermessen und bei vernünftiger Würdigung der beiderseitigen Interessen zugemutet werden kann, dem Arbeitnehmer den Arbeitsplatz ... offen zu halten."

[24]) § 123 Abs. 3 GewO. lautet: „Inwiefern in den unter Ziffer 8 gedachten Fällen dem Entlassenen ein Anspruch auf Entschädigung zustehe, ist nach dem Inhalte des Vertrags und nach den allgemeinen gesetzlichen Vorschriften zu beurteilen."

bb) § 72 Abs. 2 HGB.[25]) kann auf Handlungsgehilfen im Falle von Schutzhaft keine Anwendung finden, weil man die Schutzhaft schwerlich als ein unverschuldetes Unglück bezeichnen kann. Ein solches könnte nur die irrtümliche oder ungerechtfertigte Verhaftung sein.

cc) § 325 Abs. 1 BGB.[26]) kann möglicherweise zugunsten des Arbeitgebers Anwendung finden, wenn der Arbeitnehmer in Schutzhaft genommen ist. Mit anderen Worten: Der Arbeitgeber kann möglicherweise gegen den Arbeitnehmer einen Schadensersatzanspruch geltend machen, wenn dieser zur Arbeitsleistung dadurch unfähig wird, daß er in Schutzhaft genommen ist.

dd) Da der Entlassungsgrund des § 123 Abs. 1 Ziff. 8 GewO. in § 123 Abs. 2 GewO.[27]) nicht mit aufgeführt ist, kann die Entlassung wegen verhängter Schutzhaft noch nach der in § 123 Abs. 2 bezeichneten achttägigen Frist erfolgen. Es ist also dem Arbeitgeber möglich, den in Schutzhaft genommenen Arbeitnehmer zunächst noch zu behalten, bis sich herausstellt, ob die Schutzhaft von längerer Dauer sein wird. Im Zeitpunkt der Kündigung muß aber noch anzunehmen sein, daß der Arbeitnehmer aus der Schutzhaft in absehbarer Zeit nicht entlassen wird (vgl. Landesarbeitsgericht Frankfurt a. M. in Arbeitsrecht-Sammlung Bd. 1 S. 380, Landgericht Krefeld ebenda Bd. 5 S. 51), d. h. die Zulässigkeit der fristlosen Entlassung hängt davon ab, daß die durch die Inschutzhaftnahme herbeigeführte Unfähigkeit zur Dienstleistung im Zeitpunkt des Ausspruches der fristlosen Entlassung noch fortbesteht (Reichsarbeitsgericht vom 20. Februar 1935, RAG. 213/34, abgedruckt S. 101). Selbstverständlich kann sich der Arbeitgeber auf die Schutzhaft als Entlassungsgrund nicht berufen, wenn er sie

---

[25]) § 72 Abs. 2 HGB. lautet: „Erfolgt die Kündigung, weil der Handlungsgehilfe durch unverschuldetes Unglück längere Zeit an der Verrichtung seiner Dienste verhindert ist, so wird dadurch der im § 63 bezeichnete Anspruch des Gehilfen nicht berührt."

[26]) § 325 Abs. 1 Satz 1 BGB. bestimmt: „Wird die aus einem gegenseitigen Vertrage dem einen Teile obliegende Leistung infolge eines Umstandes, den er zu vertreten hat, unmöglich, so kann der andere Teil Schadensersatz wegen Nichterfüllung verlangen oder von dem Vertrage zurücktreten."

[27]) § 123 Abs. 2 GewO. bestimmt: „In den unter Ziffer 1 bis 7 gedachten Fällen ist die Entlassung nicht mehr zulässig, wenn die zugrundeliegenden Tatsachen dem Arbeitgeber länger als eine Woche bekannt sind."

selbst schuldhafterweise herbeigeführt hat (Landesarbeitsgericht Frankfurt a. M. vom 7. Oktober 1935, 6 Sa. 64/35, abgedruckt S. 103).

c) Das Widerspruchsrecht des Arbeitnehmers.

Hinsichtlich des Widerspruchsrechts des Arbeitnehmers gegen eine fristlose Entlassung wegen Verhängung von Schutzhaft ist festzustellen:

1. Die allgemeine Widerspruchsklage aus § 56 des Gesetzes zur Ordnung der nationalen Arbeit (vgl. S. 38 ist aus denselben Gründen, wie sie S. 38 f. dargelegt sind, unbegründet.

2. Die fristlose Entlassung eines Vertrauensmannes wegen Verhängung von Schutzhaft ist zulässig. Denn nach § 14 Abs. 1 Satz 2 des Gesetzes zur Ordnung der nationalen Arbeit ist die Kündigung des Dienstverhältnisses eines Vertrauensmannes unzulässig, „es sei denn, daß sie . . . aus einem Grunde erfolgt, der zur Kündigung des Dienstverhältnisses ohne Einhaltung einer Kündigungsfrist berechtigt". Ein solcher Grund aber ist, wie vorstehend dargelegt, die Inschutzhaftnahme.

3. Die fristlose Entlassung eines Schwerbeschädigten ist nach § 13 Abs. 2 des Gesetzes über die Beschäftigung Schwerbeschädigter[28]) ohne Zustimmung der Hauptfürsorgestelle zulässig.

III. Fortdauer des Arbeitsverhältnisses mangels einer Kündigung.

Wenn keine ordentliche oder außerordentliche Kündigung erfolgt, dauert das Arbeitsverhältnis trotz Inschutzhaftnahme des Arbeitnehmers fort. Dieser verliert aber für die Dauer der Haft den Lohnanspruch (Landesarbeitsgericht Nürnberg-Fürth vom 31. Januar 1934, 66/33, abgedruckt S. 95).

---

[28]) § 13 Abs. 2 des Schwerbeschädigtengesetzes lautet: „Die gesetzlichen Bestimmungen über die fristlose Kündigung werden nicht berührt. Wenn es sich um eine Krankheit handelt, die eine Folge der Kriegsbeschädigung ist, muß die Zustimmung der Hauptfürsorgestelle eingeholt werden.

Achter Abschnitt:

Schutzhaft und Sozialversicherung.

Hinsichtlich der versicherungsrechtlichen Folgen der Verhängung von Schutzhaft sind folgende Fragen zu erörtern: Hat die Verhängung von Schutzhaft Einfluß auf den Versicherungsbestand? Welcher Schutz wird den Schutzhäftlingen gewährt, wenn sie während der Schutzhaft erkranken oder einen Unfall erleiden? Hat die Verhängung von Schutzhaft Einfluß auf die Versicherungsleistungen aus einer Versicherung, die vor der Inschutzhaftnahme bestanden hat?

I. Schutzhaft und Versicherungsbestand.

Die Frage, ob und inwieweit das Bestehen der Versicherungspflicht von der Verhängung von Schutzhaft berührt wird, bietet verhältnismäßig wenig Schwierigkeiten. Die Frage des Bestehens der Versicherung während der Schutzhaft ist dahin zu beantworten:

a) Auflösung des Arbeitsverhältnisses anläßlich der Schutzhaft.

Wenn das Arbeitsverhältnis durch die Schutzhaft aufgelöst ist, indem der Arbeitgeber mit ordentlicher Frist oder fristlos kündigt (vgl. vorstehend S. 37 ff.), so ist für den Bereich der Krankenversicherung und der Arbeitslosenversicherung auch das Versicherungsverhältnis gelöst, so daß weder der Arbeitnehmer noch der Arbeitgeber weiterhin Beiträge leisten müssen. Der Arbeitnehmer muß, wenn er Mitglied bleiben will, dieses binnen 3 Wochen der Krankenkasse mitteilen (§ 313 Abs. 2 Satz 1 RVO.). Sofern die Satzung eine längere als die gesetzliche dreiwöchentliche Frist vorsieht, gilt die satzungsmäßige Frist (vgl. auch die Auskunft in der „Arbeiterversorgung" 1933 S. 502/503 und die Entscheidung des Versicherungsamtes Deggendorf vom 28. Dezember 1934, abgedruckt S. 107). Zu beachten ist, daß die Mitgliedschaft Versicherungsberechtigter nach § 314 RVO. erlischt, wenn sie zweimal nacheinander am Zahltage die Beiträge nicht entrichten und seit dem ersten dieser Tage mindestens vier Wochen vergangen sind. Über die Anwendung dieser Bestimmung auf den Fall der Inschutzhaftnahme liegt eine Entscheidung des Versicherungsamtes München vom 11. November 1933 vor (abgedruckt S. 109).

Für den Bereich der Invalidenversicherung und Angestelltenversicherung ist im Falle der Auflösung des Arbeitsverhältnisses dagegen zwar auch der Arbeitgeber von der Beitragspflicht befreit, für den Arbeitnehmer kann sich jedoch die Notwendigkeit der Leistung freiwilliger Beiträge zum Zwecke der Erhaltung der Anwartschaft und der Erfüllung der Wartezeit ergeben. Eine Verpflichtung des die Schutzhaft verhängenden Staates zur Aufrechterhaltung der Anwartschaft besteht mangels gesetzlicher Vorschrift nicht. Die Unfallversicherung erlischt automatisch mit dem Aufhören der Beschäftigung in dem versicherungspflichtigen Betriebe.

b) Keine Auflösung des Arbeitsverhältnisses anläßlich der Schutzhaft.

Wenn das Arbeitsverhältnis durch die Schutzhaft nicht aufgelöst ist, weil der Arbeitgeber nicht kündigt (vgl. S. 51), so bleibt die Versicherungspflicht in der Kranken-, Arbeitslosen-, Invaliden- und Angestelltenversicherung bestehen.

c) Keine Versicherungspflicht der vom Schutzhäftling geleisteten Arbeit.

Die vom Schutzhäftling geleistete Arbeit begründet nach allgemeinen Regeln des Versicherungsrechts über unfreie Arbeit keine Versicherungspflicht (vgl. RevE. des RVA. Nr. 263, AN. JuAV. 1893, S. 11; Anleitung des Reichsversicherungsamtes über den Kreis der nach der Reichsversicherungsordnung gegen Invalidität und Krankheit versicherten Personen, AN. 1912 S. 720, Ziff. 23 Buchst. d).

II. Erkrankung und Unfall des Häftlings während der Schutzhaft.

a) Erkrankt der Schutzhäftling während der Schutzhaft, so wird ihm analog wie den Strafgefangenen ärztliche Versorgung zuteil.

b) Erleidet der Schutzhäftling während der Schutzhaft einen Unfall, so wird er nach dem Gesetz betreffend die Unfallfürsorge für Gefangene vom 30. Juni 1900 (RGBl. S. 536) entschädigt, wenn der Unfall bei einer Tätigkeit eintritt, die für freie Arbeiter die Versicherung nach der Reichsversicherungsordnung zur Folge hätte:

1. Bescheid des Reichsversicherungsamtes vom 14. Oktober 1933 (1 1105/33, Entscheidungen und Mitteilungen des Reichsversicherungsamtes Bd. 35 S. 83 Nr. 7): „Das RVA. neigt der Auffassung zu, daß politische Schutzhaftgefangene zum mindesten den nach § 1 Abs. 2 des Gesetzes, betreffend die Unfallfürsorge für Gefangene vom 30. Juni 1900 (RGBl. S. 536), den Gefangenen gleichgestellten Personen zuzurechnen sind. Sie sind daher nach den Vorschriften dieses Gesetzes zu entschädigen, wenn sie einen Unfall bei einer Tätigkeit erleiden, die für freie Arbeiter die Versicherung nach der RVO. zur Folge hätte."

2. Erlaß des Reichs- und Preußischen Arbeitsministers vom 29. Oktober 1935 (II a 8762/35, Entscheidungen und Mitteilungen des Reichsversicherungsamtes Bd. 39 S. 7): „Im Einvernehmen mit dem Reichs- und Preußischen Minister des Innern und dem Herrn Reichsminister der Justiz stimme ich der Auffassung des RVA. (vgl. vorstehend, d. Vf.) zu, daß auch die politischen Schutzhaftgefangenen und die in polizeilicher Vorbeugungshaft befindlichen Personen auf Grund des Gesetzes betreffend die Unfallfürsorge für Gefangene vom 30. Juni 1900 (RGBl. S. 536) zu entschädigen sind. Als Ausführungsbehörden für die Festsetzung der Entschädigung dieser Personen kommen die bisher bereits von den Landesregierungen nach § 8 des genannten Gesetzes bestellten Ausführungsbehörden in Betracht. Soweit für die in dem Abs. 1 und 2 des § 1 des Gesetzes genannten Personen verschiedene Ausführungsbehörden bestellt sind, sind die politischen Schutzhaftgefangenen und die in polizeilicher Vorbeugungshaft befindlichen Personen den im Abs. 2 a. a. O. genannten Personen zuzurechnen."

III. Der Einfluß von Schutzhaft auf Leistungen aus einer Sozialversicherung, die vor der Inschutzhaftnahme bestanden hat.

Schwierigkeiten bereitet die Frage, ob den Schutzhäftlingen Versicherungsleistungen (insbesondere Krankenhilfe und Renten aus der Unfall-, Invaliden- und Angestelltenversicherung) aus einer Sozialversicherung, die vor der Inschutzhaftnahme bestanden hat, während der Dauer der Schutzhaft zu gewähren sind. In einer Abhandlung „Schutzhaft und Sozialversicherung“ in der Volkstümlichen Zeitschrift für die gesamte Sozialversicherung 1934 S. 67 (abgedruckt im Anhang S. 112) und in einer Abhandlung „Ruht die Rente, solange sich der Berechtigte in Schutzhaft befindet?“ in „Deutsche Invalidenversicherung“ 1934 S. 39 f. (abgedruckt im Anhang S. 117) habe ich den Nachweis zu führen versucht, daß die Unterbringung in Schutzhaft sinngemäß als einer der Gründe zu gelten hat, bei derem Vorhandensein Leistungen der Sozialversicherung nach §§ 216 Abs. 1 Nr. 1, 615 Abs. 1 Nr. 1, 1312 Abs. 2 a. F. = 1280 n. F. der Reichsversicherungsordnung (RVO.) ruhen. Dem ist das Reichsversicherungsamt in seiner grundsätzlichen Entscheidung Nr. 4793 vom 20. Juni 1934 (abgedruckt S. 104) entgegengetreten. Die Begründung, welche das Reichsversicherungsamt seiner Stellungnahme gegeben hat, ist m. E. nicht überzeugend, wie ich in meiner Abhandlung „Schutzhaft und Ruhen der Versicherungsleistungen“ im Zentralblatt für Reichsversicherung und Reichsversorgung 1934 S. 440 (abgedruckt im Anhang S. 120) dargelegt habe.

a) Die Rechtslage nach der Rechtsprechung des Reichsversicherungsamtes.

1. Unfallrente.

Beschluß des Reichsversicherungsamtes vom 20. September 1933 (I 1 1118/33, Entscheidungen und Mitteilungen des Reichsversicherungsamtes Bd. 35 S. 82): Vorbehaltlich einer Entscheidung im Rechtszuge neigt das RVA. der Auffassung zu, daß in den Fällen, in denen der Unfallverletzte in einem Konzentrationslager untergebracht ist, ein Ruhen der Rente nach § 615 Abs. 1 Nr. 1 RVO. nicht eintritt, weil die Verfügung der Schutzhaft weder der Verhängung einer Freiheitsstrafe noch der Unterbringung in einem Arbeitshause gleichzuachten ist. Gleiches muß für § 116 Abs. 1 RVO. (Seeunfallversicherung) gelten. Ebenso der Erlaß des Reichsarbeitsministers vom 14. Juli 1934 (II a 4985, 34).[1]).

2. Invalidenrente.

Entscheidung des Reichsversicherungsamtes Nr. 4793 vom 20. Juni 1934 (abgedruckt S. 104): Das Ruhen der Invalidenrente gemäß § 1280 RVO. (= § 1312 RVO. a. F.) tritt wegen Unterbringung in Schutzhaft nicht ein. Ebenso der Erlaß des Reichsarbeitsministers vom 14. Juli 1934 (II a 4985, 34)[1]).

3. Rente aus der Angestelltenversicherung.

Es gilt sinngemäß das gleiche wie hinsichtlich der Invalidenrente.

b) Kritische Stellungnahme.

Wie ich in der S. 120 abgedruckten Abhandlung nachzuweisen versucht habe, befriedigt das Ergebnis der Entscheidung des Reichsversicherungsamtes vom 20. Juni 1934 nicht. Nachdem nunmehr feststeht (vgl. S. 33ff.), daß Schutzhaft im Hinblick auf § 60 StGB. und § 450 StrO. der Untersuchungshaft gleichzustellen ist, sofern die Haft zur Sicherung der Strafverfolgung oder zur Untersuchung einer Straftat angeordnet gewesen ist, dürfte kein Grund bestehen, die Schutzhaft zum mindesten unter den gleichen Voraussetzungen der Untersuchungshaft auch im Sinne der §§ 216, 615, 1280 RVO.[2]) gleichzustellen.

---

[1]) Dieser Erlaß besagt: „Während der Unterbringung im Konzentrationslager ruht die Rente des Untergebrachten nach §§ 615, 1280 (früher § 1312) der RVO. nicht. Die Unterbringung in einem Konzentrationslager kann rechtlich nicht als Sicherungsverwahrung angesehen werden, weil dies ein ganz eindeutiger Begriff des Strafrechts ist."

[2]) Diese Bestimmungen lauten: 1. § 216 Abs. 1 Ziff. 1 RVO.: „Die Krankenhilfe ruht

1. solange der Berechtigte eine Freiheitsstrafe verbüßt oder sich in Untersuchungshaft befindet oder in einem Arbeitshaus oder einem Asyl in Sicherungsverwahrung oder in einer Fürsorgeerziehungsanstalt untergebracht ist; ist der Versicherte durch Krankheit arbeitsunfähig geworden und hat er von seinem Arbeitsverdienste bisher Angehörige ganz oder teilweise unterhalten, so ist ihnen das Hausgeld (§ 186) zu gewähren."

2. § 615 Abs. 1 Ziff. 1 RVO.: „Die Rente ruht

1. solange der Berechtigte eine Freiheitsstrafe von mehr als einem Monat verbüßt oder in Sicherungsverwahrung untergebracht ist.

Hat er im Inland Angehörige, die bei seinem Tod Anspruch auf Rente haben würden, so ist ihnen die Rente bis zur Höhe dieses Anspruches zu überweisen."

3. § 1280 RVO.: „Die Rente ruht, solange der Berechtigte eine Freiheitsstrafe von mehr als einem Monat verbüßt oder in Sicherungsverwahrung untergebracht ist. Hat der Berechtigte im Inland Angehörige, die er überwiegend unterhalten hat, so wird ihnen die Invalidenrente überwiesen."

Denn es besteht kein Anlaß, den Schutzhäftling gegenüber dem Untersuchungsgefangenen zu begünstigen und die Versicherungsträger, die doch Einrichtungen zum Wohle der Allgemeinheit sind, mit Leistungen zu belasten, deren der Versicherte nicht bedarf. Aber auch in Fällen, in denen diese Voraussetzungen nicht vorliegen, ist es m. E. unbillig, den Schutzhäftling anders als den Untersuchungsgefangenen zu stellen. Man wird vielmehr m. E. auch dann, wenn die Schutzhaft nicht zur Sicherung der Strafverfolgung oder zur Untersuchung einer Straftat angeordnet ist und vollstreckt wird, ein Ruhen der Versicherungsleistungen nach Maßgabe der angeführten Vorschriften allein als billig ansehen können.

Neunter Abschnitt:

Schutzhaft und öffentliche Fürsorge.

Grundsätzlich ist Schutzhaft fürsorgerechtlich wie sonstige Haft anzusehen. Über die Einwirkung der Haft auf die Hilfsbedürftigkeit hat das Bundesamt für das Heimatwesen Bd. 80 S. 191 ausgeführt: „Daß die Hilfsbedürftigkeit einer in eine Strafanstalt aufgenommenen Person durch diesen Anstaltsaufenthalt regelmäßig unterbrochen wird, hat das BA. in ständiger Rechtsprechung sowohl unter der Herrschaft des UWG., als unter derjenigen der VO. über die Fürsorgepflicht angenommen (vgl. Krech-Baath, UWG., 15. Aufl. Anm. 8 und 9 d zu § 28; Anm. 13 f zu § 30; BA. Bd. 73 S. 35, ZfH. 1930 S. 140). Der Umstand, daß die letztangezogene Entscheidung des BA. einen Fall des § 12 RFV. betrifft, ist ohne Bedeutung. Der Grundsatz, daß der Aufenthalt als Gefangener in einer Strafanstalt oder einem Untersuchungsgefängnis die Hilfsbedürftigkeit unterbricht — es sei denn, daß dieser Aufenthalt wegen seiner geringen Dauer unbeachtlich ist —, gilt für das ganze durch die VO. über die Fürsorgepflicht geregelte Rechtsgebiet."

Grundsätzlich unterbricht also die Schutzhaft die Hilfsbedürftigkeit und damit die Unterstützungspflicht des Fürsorgeverbandes. Eine Schutzhaft von geringerer Dauer ist jedoch unbeachtlich und unterbricht die Hilfsbedürftigkeit nicht. Was insofern unter geringer Dauer zu verstehen ist, kann sinngemäß der Entscheidung des Bundesamtes vom 10. März 1934 (Zeitschr. f. d. Heimatwesen 1935 S. 46) entnommen werden, in der das Bundesamt die viermonatige Haft eines Familienvaters nicht als Unterbrechung der Hilfsbedürftigkeit angesehen hat.

Zweiter Teil.

Gesetze, Verordnungen, Erlasse und Rechtsprechung.

Erster Abschnitt:

Gesetze, Verordnungen, Erlasse.

I. Verordnung des Reichspräsidenten zum Schutz von Volk und Staat.

Vom 28. Februar 1933 (RGBl. I S. 83).

Auf Grund des Artikels 48 Abs. 2 der Reichsverfassung wird zur Abwehr kommunistischer staatsgefährdender Gewaltakte folgendes verordnet:

§ 1. Die Artikel 114, 115, 117, 118, 123, 124 und 153 der Verfassung des Deutschen Reichs werden bis auf weiteres außer Kraft gesetzt. Es sind daher Beschränkungen der persönlichen Freiheit, des Rechts der freien Meinungsäußerung, einschließlich der Pressefreiheit, des Vereins- und Versammlungsrechts, Eingriffe in das Brief-, Post-, Telegraphen- und Fernsprechgeheimnis, Anordnungen von Haussuchungen und von Beschlagnahmen sowie Beschränkungen des Eigentums auch außerhalb der sonst hierfür bestimmten gesetzlichen Grenzen zulässig.

§ 2. Werden in einem Lande die zur Wiederherstellung der öffentlichen Sicherheit und Ordnung nötigen Maßnahmen nicht getroffen, so kann die Reichsregierung insoweit die Befugnisse der obersten Landesbehörde vorübergehend wahrnehmen.

§ 3. Die Behörden der Länder und Gemeinden (Gemeindeverbände) haben den auf Grund des § 2 erlassenen Anordnungen der Reichsregierung im Rahmen ihrer Zuständigkeit Folge zu leisten.

§ 4. Wer den von den obersten Landesbehörden oder den ihnen nachgeordneten Behörden zur Durchführung dieser Verordnung erlassenen Anordnungen oder den von der Reichsregierung gemäß § 2 erlassenen Anordnungen zuwiderhandelt oder wer zu solchen Zuwiderhandlungen auffordert oder anreizt, wird, soweit nicht die Tat nach anderen Vorschriften mit einer schwereren Strafe bedroht ist, mit Gefängnis nicht unter einem Monat oder mit Geldstrafe von 150 bis zu 15 000 Reichsmark bestraft.

Wer durch Zuwiderhandlung nach Abs. 1 eine gemeine Gefahr für Menschenleben herbeiführt, wird mit Zuchthaus, bei mildernden Umständen mit Gefängnis nicht unter sechs Monaten und, wenn die Zuwiderhandlung den Tod eines Menschen verursacht, mit dem Tode, bei mildernden Umständen mit Zuchthaus nicht unter zwei Jahren bestraft. Daneben kann auf Vermögenseinziehung erkannt werden.

Wer zu einer gemeingefährlichen Zuwiderhandlung (Abs. 2) auffordert oder anreizt, wird mit Zuchthaus, bei mildernden Umständen mit Gefängnis nicht unter drei Monaten bestraft.

§ 5. Mit dem Tode sind die Verbrechen zu bestrafen, die das Strafgesetzbuch in den §§ 81 (Hochverrat), 229 (Giftbeibringung), 307 (Brandstiftung), 311 (Explosion), 312 (Überschwemmung), 315 Abs. 2 (Beschädigung von Eisenbahnanlagen), 324 (gemeingefährliche Vergiftung) mit lebenslangem Zuchthaus bedroht.

Mit dem Tode oder, soweit nicht bisher eine schwerere Strafe angedroht ist, mit lebenslangem Zuchthaus oder mit Zuchthaus bis zu 15 Jahren wird bestraft:

1. Wer es unternimmt, den Reichspräsidenten oder ein Mitglied oder einen Kommissar der Reichsregierung oder einer Landesregierung zu töten oder wer zu einer solchen Tötung auffordert, sich erbietet, ein solches Erbieten annimmt oder eine solche Tötung mit einem anderen verabredet;

2. wer in den Fällen des § 115 Abs. 2 des Strafgesetzbuchs (schwerer Aufruhr) oder des § 125 Abs. 2 des Strafgesetzbuchs (schwerer Landfriedensbruch) die Tat mit Waffen oder in bewußtem und gewolltem Zusammenwirken mit einem Bewaffneten begeht;

3. wer eine Freiheitsberaubung (§ 239 des Strafgesetzbuchs) in der Absicht begeht, sich des der Freiheit Beraubten als Geisel im politischen Kampfe zu bedienen.

§ 6. Diese Verordnung tritt mit dem Tage der Verkündung (28. 2.) in Kraft.

II. Gesetz über die Geheime Staatspolizei.

Vom 10. Februar 1936 (GS. S. 21).

Das Staatsministerium hat das folgende Gesetz beschlossen:

§ 1. (1) Die Geheime Staatspolizei hat die Aufgabe, alle staatsgefährlichen Bestrebungen im gesamten Staatsgebiet zu erforschen und zu bekämpfen, das Ergebnis der Erhebungen zu sammeln und auszuwerten, die Staatsregierung zu unterrichten und die übrigen Behörden über für sie wichtige Feststellungen auf dem laufenden zu halten und mit Anregungen zu versehen. Welche Geschäfte im einzelnen auf die Geheime Staatspolizei übergehen, bestimmt der Chef der Geheimen Staatspolizei im Einvernehmen mit dem Minister des Innern.

(2) Die Zuständigkeit der Organe der ordentlichen Rechtspflege bleibt unberührt.

§ 2. (1) Chef der Geheimen Staatspolizei ist der Ministerpräsident.

(2) Für ihn führt der von ihm ernannte Stellvertretende Chef der Geheimen Staatspolizei die Dienstgeschäfte.

§ 3. (1) Oberste Landesbehörde der Geheimen Staatspolizei ist das Geheime Staatspolizeiamt. Es hat zugleich die Befugnisse einer Landespolizeibehörde.

(2) Das Geheime Staatspolizeiamt hat seinen Sitz in Berlin.

§ 4. Die Aufgaben der Geheimen Staatspolizei werden in der Mittelinstanz von Staatspolizeistellen für die einzelnen Landespolizeibezirke wahrgenommen. Die Aufgaben der Geheimen Staatspolizei an der Grenze obliegen besonderen Grenzkommissariaten. Im übrigen werden die Aufgaben der Geheimen Staatspolizei von den Kreis- und Ortspolizeibehörden als Hilfsorganen der Staatspolizeistellen durchgeführt.

§ 5. Die Staatspolizeistellen sind gleichzeitig den zuständigen Regierungspräsidenten unterstellt, haben den Weisungen derselben zu entsprechen und sie in allen politisch-polizeilichen Angelegenheiten zu unterrichten. Die Leiter der Staatspolizeistellen sind zugleich die politischen Sachbearbeiter der Regierungspräsidenten.

§ 6. Die Ernennung und Entlassung der Beamten der Geheimen Staatspolizei erfolgt im Rahmen der allgemeinen reichsgesetzlichen Bestimmungen über Ernennung und Entlassung von Landesbeamten durch den Chef der Geheimen Staatspolizei im Einvernehmen mit dem Minister des Innern.

§ 7. Verfügungen und Angelegenheiten der Geheimen Staatspolizei unterliegen nicht der Nachprüfung durch die Verwaltungsgerichte.

§ 8. Ausführungsvorschriften zu diesem Gesetz erläßt der Chef der Geheimen Staatspolizei im Einvernehmen mit dem Minister des Innern.

§ 9. Das Gesetz über die Errichtung eines Geheimen Staatspolizeiamts vom 26. April 1933 (Gesetzsamml. S. 122), das Gesetz über die Geheime Staatspolizei vom 30. November 1933 (Gesetzsamml. S. 413) und die §§ 1 bis 3 der Verordnung zur Durchführung des Gesetzes über die Geheime Staatspolizei vom 8. März 1934 (Gesetzsamml. S. 143) werden aufgehoben.

§ 10. Dieses Gesetz tritt mit dem auf den Tag der Verkündung folgenden Tage in Kraft.

Berlin, den 10. Februar 1936.

(Siegel.) **Das Preußische Staatsministerium.**

Göring. Frick.

Im Namen des Reiches verkünde ich für den Führer und Reichskanzler das vorstehende Gesetz, dem die Reichsregierung ihre Zustimmung erteilt hat.

Berlin, den 10. Februar 1936.

Der Preußische Ministerpräsident.

Göring.

III. Verordnung zur Ausführung des Gesetzes über die Geheime Staatspolizei vom 10. Februar 1936 (Gesetzsamml. S. 21).

Vom 10. Februar 1936 (GS. S. 22).

Auf Grund der §§ 1 und 8 des Gesetzes über die Geheime Staatspolizei vom 10. Februar 1936 (Gesetzsamml. S. 21) wird verordnet:

§ 1. Die Geheime Staatspolizei kann polizeiliche Ermittelungen in Hoch-, Landesverrats- und Sprengstoffsachen sowie bei sonstigen strafbaren Angriffen auf Partei und Staat führen.

§ 2. (1) Das Geheime Staatspolizeiamt kann im Rahmen der Zuständigkeit der Geheimen Staatspolizei Maßnahmen im ganzen Landesgebiet und Maßnahmen mit Wirkung für das ganze Landesgebiet treffen.

(2) Das Geheime Staatspolizeiamt nimmt die Zuständigkeit der obersten Landesbehörde in den Angelegenheiten des

Gesetzes über Schußwaffen und Munition vom 13. Juli 1928 (Reichsgesetzbl. I S. 198) wahr.

(3) Das Geheime Staatspolizeiamt ist die Zentralsammelstelle für politisch-polizeiliche Nachrichten.

(4) Das Geheime Staatspolizeiamt verwaltet die staatlichen Konzentrationslager.

(5) In Berlin ist das Geheime Staatspolizeiamt auch für die landes-, kreis- und ortspolizeilichen Aufgaben der Geheimen Staatspolizei zuständig. Ob und wieweit diese Aufgaben der Staatspolizeistelle Berlin übertragen werden, bestimmt der Chef der Geheimen Staatspolizei.

§ 3. Die Staatspolizeistellen können im Rahmen der Zuständigkeit der Geheimen Staatspolizei alle der Geheimen Staatspolizei obliegenden Maßnahmen mit Ausnahme des Verbots periodischer Druckschriften in ihrem Amtsbezirke treffen.

§ 4. (1) Soweit es zum Zwecke der Erforschung und Bekämpfung staatsfeindlicher Bestrebungen erforderlich ist, können die Kreispolizeibehörden und die Ortspolizeibehörden in Städten mit mehr als 5000 Einwohnern zur Unterstützung der Geheimen Staatspolizei die Beschlagnahme von Druckschriften und Beschränkungen des Vereins- und Versammlungsrechts anordnen. In diesem Rahmen haben die Kreis- und Ortspolizeibehörden den Weisungen der zuständigen Staatspolizeistelle Folge zu leisten.

(2) Am Sitze einer Staatspolizeistelle übt diese im Rahmen der Zuständigkeit der Geheimen Staatspolizei auch die ortspolizeilichen Befugnisse aus.

§ 5. Die Geheime Staatspolizei ist ein selbständiger Zweig der inneren Verwaltung. Ihre Beamten, Angestellten und Lohnempfänger sind solche der inneren Verwaltung. Ihr oberster Dienstvorgesetzter ist der Chef der Geheimen Staatspolizei.

§ 6. Der Leiter des Geheimen Staatspolizeiamts vertritt den Stellvertretenden Chef der Geheimen Staatspolizei in allen Dienstgeschäften.

§ 7. Das Geheime Staatspolizeiamt kann im Rahmen der Zuständigkeit der Geheimen Staatspolizei Ersuchen an die Ober- und Regierungspräsidenten sowie an alle Polizeibehörden richten. Die Ober- und Regierungspräsidenten haben den Weisungen des Geheimen Staatspolizeiamts in Angelegenheiten der Geheimen Staatspolizei Folge zu leisten.

§ 8. (1) Die Staatspolizeistellen befinden sich am Sitze der Regierung. Ausnahmen von diesem Grundsatze kann der Chef der Geheimen Staatspolizei im Einvernehmen mit dem Minister des Innern bestimmen.

(2) Ein Verzeichnis der Staatspolizeistellen ist in der Anlage beigefügt.

§ 9. (1) Die Leiter der Staatspolizeistellen und politischen Sachbearbeiter der Regierungspräsidenten werden vom Chef der Geheimen Staatspolizei im Einvernehmen mit dem Minister des Innern bestimmt.

(2) Im Falle der Verhinderung des Leiters der Staatspolizeistelle werden die Geschäfte des politischen Sachbearbeiters des Regierungspräsidenten von dem zur ständigen Vertretung des Leiters der Staatspolizeistelle bestimmten Beamten des höheren Dienstes wahrgenommen, den der Chef der Geheimen Staatspolizei im Einvernehmen mit dem Minister des Innern bestimmt.

§ 10. Die Staatspolizeistellen können an alle Polizeibehörden ihres Amtsbereichs Ersuchen richten. In Landkreisen ist das Ersuchen grundsätzlich an den Landrat zu richten; in Eilfällen genügt die Unterrichtung des Landrats. Die Berichte der dem Landrate nachgeordneten Behörden an die Staatspolizeistellen sind durch den Landrat zu leiten; in Eilfällen genügt die gleichzeitige Unterrichtung des Landrats.

§ 11. Die Kreispolizeibehörden haben der zuständigen Staatspolizeistelle über alle wichtigen politischen Vorgänge und Beobachtungen unmittelbar zu berichten.

§ 12. Soweit Beamte der Geheimen Staatspolizei im Rahmen der Zuständigkeit der Geheimen Staatspolizei die den Behörden und Beamten des Polizei- und Sicherheitsdienstes nach den Bestimmungen der Strafprozeßordnung obliegenden Aufgaben übernehmen, handeln sie als Hilfsbeamte des Oberreichsanwalts oder des örtlich zuständigen Oberstaatsanwalts.

§ 13. Der Chef der Geheimen Staatspolizei verfügt über die im Haushalt der inneren Verwaltung gesondert für die Geheime Staatspolizei ausgeworfenen Mittel.

§ 14. Amtliches Mitteilungsblatt für den Chef und Stellvertretenden Chef der Geheimen Staatspolizei ist das Ministerialblatt des Reichs- und Preußischen Ministeriums des Innern.

§ 15. Diese Verordnung tritt am Tage nach ihrer Verkündung in Kraft.

Berlin, den 10. Februar 1936.

Der Preußische Ministerpräsident.
Göring.

Der Reichs- und Preußische Minister des Innern.
Frick.

Verzeichnis der Staatspolizeistellen

zu § 8 der Verordnung zur Ausführung des Gesetzes über die Geheime Staatspolizei vom 10. Februar 1936 (Gesetzsamml. S. 22).

Lfd. Nr.	Staatspolizeistelle	Regierungsbezirk	Sitz
1	Aachen	Aachen	Aachen
2	Allenstein	Allenstein	Allenstein
3	Berlin	Berlin	Berlin C 25
4	Bielefeld	Minden u. Länder Lippe-Detmold sowie Schaumburg-Lippe	Bielefeld
5	Breslau	Breslau	Breslau
6	Dortmund-Hörde	Arnsberg	Dortmund
7	Düsseldorf	Düsseldorf	Düsseldorf
8	Elbing	Marienwerder	Elbing
9	Erfurt	Erfurt	Erfurt
10	Frankfurt a. M.	Wiesbaden	Frankfurt a. M.
11	Frankfurt a. d. O.	Frankfurt a. d. O.	Frankfurt a. d. O.
12	Halle a. d. S.	Merseburg	Halle a. d. S.
13	Hannover	Hannover	Hannover
14	Harburg-Wilhelmsburg	Lüneburg	Harburg-Wilhelmsburg
15	Hildesheim	Hildesheim	Hildesheim
16	Kassel	Kassel	Kassel
17	Kiel	Schleswig	Kiel
18	Koblenz	Koblenz	Koblenz
19	Köln	Köln	Köln
20	Königsberg Pr.	Königsberg Pr.	Königsberg Pr.

Lfd. Nr.	Staatspolizeistelle	Regierungsbezirk	Sitz
21	Köslin	Köslin	Köslin
22	Liegnitz	Liegnitz	Liegnitz
23	Magdeburg	Magdeburg	Magdeburg
24	Oppeln	Oppeln	Oppeln
25	Osnabrück	Osnabrück	Osnabrück
26	Potsdam	Potsdam	Potsdam
27	Münster i. Westf.	Münster i. Westf.	Münster i. Westf.
28	Saarbrücken	Saarland	Saarbrücken
29	Schneidemühl	Schneidemühl	Schneidemühl
30	Sigmaringen	Sigmaringen	Sigmaringen
31	Stettin	Stettin	Stettin
32	Tilsit	Gumbinnen	Tilsit
33	Trier	Trier	Trier
34	Wesermünde	Stade	Wesermünde
35	Wilhelmshaven	Aurich	Wilhelmshaven

IV. Strafvollstreckungsordnung.
(Auszug.)

AV. des RJM. vom 7. Dezember 1935 (III a 19 617/35), Deutsche Justiz 1935 S. 1800.

§ 23.
Anrechnung der Untersuchungshaft.

(1) Zu der Untersuchungshaft, die nach § 60 StGB. angerechnet werden kann, gehört auch die Haft, die von der vorläufigen Festnahme durch eine Amtsperson bis zur Eröffnung des Haftbefehls erlitten wird, und die Auslieferungshaft, sofern sie wegen der zur Aburteilung stehenden Straftat verhängt ist. Ordnet das Gericht die Anrechnung der ganzen Untersuchungshaft an, so ist, falls nicht das Urteil eine abweichende Willensmeinung zum Ausdruck bringt, anzunehmen, daß es die Untersuchungshaft in dem vorstehend dargelegten Sinne verstanden hat.

(2) Schutzhaft ist bei der Berechnung auf die erkannte Strafe nur anzurechnen, wenn das Gericht dies ausdrücklich bestimmt hat.

(3) Ist die genaue Tageszeit des Beginns der anzurechnenden Untersuchungshaft aus den Akten nicht ersichtlich und auch

durch einfache Ermittlungen (z. B. Anhörung des Verurteilten) nicht feststellbar, so ist der Tag der Festnahme voll anzurechnen.

(4) Auch ohne ausdrückliche Entscheidung im Urteil ist die Untersuchungshaft unverkürzt in die Strafzeit einzurechnen, die der Verurteilte erlitten hat, seit er auf Rechtsmittel verzichtet oder das eingelegte Rechtsmittel zurückgenommen hat oder seitdem die Einlegungsfrist abgelaufen ist, ohne daß er eine Erklärung abgegeben hat (§ 450 StPO.). Das gleiche gilt für die Untersuchungshaft, die der Verurteilte von der Verkündung eines Urteils ab erlitten hat, das auf die von ihm eingelegte Berufung ergangen und für ihn wegen Verbrauchs des Anfechtungsrechts nicht mehr anfechtbar ist.

(5) Die Bestimmungen der Abs. 1 bis 4 gelten sinngemäß für die Anrechnung der einstweiligen Unterbringung (§ 126a StPO.).

(6) Die im Urteil ausgesprochene Anrechnung von Untersuchungshaft (Abs. 1) ist in der Weise vorzunehmen, daß die anzurechnende Zeit von dem errechneten Ende der Strafzeit rückwärts abgerechnet wird. Die Einrechnung der in Abs. 4 bezeichneten Untersuchungshaft erfolgt in der Weise, daß der Beginn der Strafzeit auf den dort genannten Zeitpunkt vorverlegt wird.

Zweiter Abschnitt:

Rechtsprechung.

1. Urteil des Landgerichts Berlin

vom 1. November 1933, 276 O. 100 88/33, Deutsche Justiz 1934 S. 63 f.

Die Klägerin verlegt die Zeitschrift .... Das Geheime Staatspolizeiamt hat durch Verfügung vom 27. Juli 1933, gestützt auf § 41 PVG. und § 1 der Verordnung des Reichspräsidenten zum Schutze von Volk und Staat vom 28. Februar 1933 die Zeitung bis auf weiteres verboten.

Die Klägerin behauptet nun, daß das Verbot unzulässig sei. Das Verbot sei eine Polizeiverfügung und müsse daher gemäß § 44 PVG. mit Gründen erlassen werden. Das sei nicht geschehen. Die in dem Verbot angeführten Gesetzesbestimmungen könnten das Verbot nicht stützen. Eine kommunistische Betätigung läge nicht vor. Die Verordnung vom 28. Februar 1933 sei aber nach ihrer Einleitung ausdrücklich „zur Abwehr kommunistischer staatsgefährdender Gewaltakte“ erlassen. Da das Verbot auch nicht durch ein anderes Gesetz begründet werden könnte, so sei es objektiv zu Unrecht ergangen. Wegen Verletzung der seinen Beamten der Klägerin gegenüber obliegenden Amtspflicht sei der Staat schadenersatzpflichtig.

Der Beklagte hat die Einrede erhoben, daß der ordentliche Rechtsweg für diese Klage nicht gegeben sei. Die Reichsverfassung gelte nur noch insoweit, als ihre Bestimmungen mit den neuen Rechtsanschauungen nicht in Widerspruch stünden. Der Rechtsweg sei hier jedenfalls schon deshalb nicht gegeben, weil die Gerichte zur Nachprüfung der Gesetzmäßigkeit eines Staatshoheitsaktes nicht befugt seien. Das Verbot habe ausreichend auf § 1 der Verordnung vom 28. Februar 1933 gestützt werden können. Die einleitenden Worte der Verordnung seien für den Umfang ihrer gesetzlichen Bestimmungen ohne Bedeutung und nur als Begründung aufzufassen. Auch sei das Verbot sachlich erforderlich gewesen, weil die Klägerin in den letzten Ausgaben ihrer Zeitschrift fortgesetzt die nationalsozialistische Bewegung und ihre Führer verächtlich gemacht habe.

Das Landgericht Berlin hat durch rechtskräftiges Urteil vom 1. November 1933 die Klage abgewiesen aus folgenden Gründen:

Die Nachprüfung der Zulässigkeit eines Staatshoheitsaktes durch die ordentlichen Gerichte kann nach dem bisherigen Recht nur insoweit erfolgen, als diese Nachprüfung zur Entscheidung über die Frage der Ersatzpflicht des Staates im Sinne der Beamtenhaftung notwendig ist. Eine selbständige Feststellung über die Zulässigkeit einer vom Staate getroffenen Maßnahme, wie sie die Klägerin mit ihrem auf Feststellung der Unzulässigkeit des Zeitungsverbotes gerichteten Antrage begehrt, kann von den Zivilgerichten weder gefordert noch getroffen werden. Für den Antrag auf Feststellung der Unrechtmäßigkeit des Verbots ist daher der Rechtsweg verschlossen.

Den mit den weiteren Klageanträgen geltend gemachten Schadenersatzanspruch stützt die Klägerin auf Artikel 131 Reichsverfassung in Verbindung mit § 839 BGB.

Es kann dahingestellt bleiben, ob und in welchem Umfange die Weimarer Verfassung nach der nationalsozialistischen Revolution noch Geltung hat und damit die angezogene Gesetzesvorschrift überhaupt anwendbar ist. Es wird die folgerichtige Auffassung in der Staatsrechtslehre vertreten, daß das Staatsgrundgesetz des heutigen Deutschen Reiches zur Zeit nur das sog. „Ermächtigungsgesetz“ zur Behebung der Not von Volk und Reich vom 24. März 1933 in Verbindung mit dem zur Volksanschauung gewordenen nationalsozialistischen Gedankengut bildet (so Professor Carl Schmitt in einem Vortrage auf dem Deutschen Juristentag in Leipzig im Herbst 1933).

Selbst wenn man aber nach wie vor eine Staatshaftung allgemein bejaht, muß eine Haftung im vorliegenden Falle verneint werden.

Voraussetzung für die Schadenersatzpflicht des Staates ist, daß ein Beamter die ihm einem Dritten gegenüber obliegende Amtspflicht vorsätzlich oder fahrlässig verletzt (§ 839 BGB.). Die Verletzung der Amtspflicht will die Klägerin in der Anwendung der Verordnung des Reichspräsidenten zum Schutze von Volk und Staat vom 28. Februar 1933 bei dem in Rede stehenden Zeitungsverbot sehen, weil diese Verordnung nach ihrer Einleitung „zur Abwehr kommunistischer staatsgefährdender Gewaltakte" bestimmt sei und deshalb nur gegen kommunistische Betätigungen zur Anwendung gelangen dürfe. Diesem Standpunkt vermag sich die Kammer nicht anzuschließen.

Durch die genannte Verordnung werden einzelne Grundrechte, die in der alten Reichsverfassung verankert sind — u. a. die Pressefreiheit und die Freiheit der Meinungsäußerung —, außer Kraft gesetzt, um die erforderlichen Maßnahmen zur Wiederherstellung der öffentlichen Sicherheit und Ordnung zu ermöglichen (vgl. dazu Lüdtke in JW. 1933 S. 2241 ff.). Daß der Gesetzgeber bei dem Erlaß dieser Verordnung beabsichtigt hat, die notwendige rechtliche Grundlage für ein Vorgehen gegen den Kommunismus zu schaffen, erhellt deutlich aus der genannten Einleitung. Aus diesem Motiv kann aber nicht gefolgert werden, daß die angezogene Gesetzesbestimmung nur gegen ganz bestimmte Personen anwendbar ist. Hierfür kann auch nicht die von der Klägerin zitierte preußische Durchführungsverordnung vom 3. März 1933 angeführt werden. Die Verordnung des Reichspräsidenten ist aus ihrem Gesetzestext heraus auszulegen und kann zwar durch die preußische Durchführungsverordnung erläutert, aber nicht authentisch interpretiert werden. Die Kammer ist der Auffassung, daß die Verordnung des Reichspräsidenten stets dann anzuwenden ist, wenn ihre Anwendung zur Wiederherstellung der öffentlichen Sicherheit und Ordnung erforderlich erscheint, und zwar nicht nur gegen Kommunisten, sondern gegen jeden, der durch sein Verhalten ein Eingreifen der Staatsgewalt notwendig macht. Überdies werden alle gegen die öffentliche Sicherheit und Ordnung als gegen den Bestand des Staates gerichteten Angriffe als kommunistische im weitesten Sinne aufzufassen sein.

Der Abwehr dieser Angriffe soll die Verordnung des Reichspräsidenten dienen. Das Staatsorgan, dem die Bekämpfung staatsfeindlicher Betätigung obliegt, ist in Preußen das Geheime Staatspolizeiamt. Mit Recht wird im Schrifttum die Ansicht vertreten, daß eine derartige Tätigkeit über das Aufgabengebiet der allgemeinen Polizei hinausgeht (vgl. dazu Neubert in JW. 1933 S. 2426/27) und daher nicht verlangt werden darf, daß ein Einschreiten des Geheimen Staatspolizeiamts nur dann zulässig ist, wenn die allgemeinen Voraussetzungen für ein polizeiliches Einschreiten gegeben sind (vgl. dazu Boehr in JW. 1933 S. 2499). Die Verordnung vom 28. Februar 1933 schafft durch die Außerkraftsetzung von Grundrechten einen gewollten Ausnahmezustand zugunsten der Durchführung des nationalsozialistischen Staates. Die Anwendung dieses Ausnahmerechtes durch die berufenen Staatsorgane schließt mangels ausdrücklicher anderer Bestimmungen schon begrifflich Schadensersatzansprüche im ordentlichen Rechtsweg aus. Sie könnten auch höchstens darauf gestützt werden, daß das vorliegende Zeitungsverbot im Rahmen des Ausnahmezustandes völlig unberechtigt und willkürlich sei. Davon kann aber keine Rede sein.

2. Beschluß des Landgerichts Tübingen
vom 25. Januar 1934, AR. 270/33,
Jur. Wochenschrift 1934 S. 627[1]).

Der Antragsteller, welcher vom 22. September bis 19. Oktober 1933 von der Württembergischen Politischen Polizei in Schutzhaft genommen worden war, bat um Bewilligung des Armenrechts zur Erhebung einer Schadensersatzklage gegen den württembergischen Fiskus wegen Amtspflichtverletzung seiner Beamten. Sein Gesuch wurde als unbegründet zurückgewiesen, im wesentlichen aus folgenden Gründen:

1. Die Verhängung der Schutzhaft beruht auf der VO. des RPräs. vom 28. Februar 1933 (RGBl. I, 83). Diese VO. erklärt außer anderem Eingriffe in die durch Art. 114 RVerf. gewährleistete persönliche Freiheit (d. i. Bewegungsfreiheit) für zulässig und verleiht zugleich durch §§ 2, 4 den obersten Landesbehörden (außer der Reichsregierung) das Recht zu solchen Eingriffen. Während die richterliche Untersuchungshaft an bestimmte Voraussetzungen gebunden ist (§§ 112 ff. StPO.) und die polizeiliche Haft im Sinne des § 17 VO. vom 14. Juni 1932 (RGBl. I, 297) und des § 22 VO. vom 4. Februar 1933 (RGBl. I, 35) genau geregelt wird, auch in beiden Fällen Beschwerdemöglichkeiten vorgesehen sind, fehlt es für die Schutzhaft an gesetzlichen Bestimmungen darüber. Es liegt deshalb nahe, die VO. aus ihrem geschichtlichen Zusammenhang und aus ihren einleitenden Worten heraus auszulegen, d. h. auf alle diejenigen Maßnahmen zu erstrecken, welche

---

[1]) Die Entscheidung ist dort unter folgendem Rechtsspruch veröffentlicht:
1. Die VO. des RPräs. zum Schutz von Volk und Staat v. 28. Febr. 1933 (RGBl. I, 83) rechtfertigt die Verhängung der sog. Schutzhaft, wenn sie zur Abwehr kommunistischer staatsgefährdender Gewaltakte — sei es auch im weitesten Sinne — angeordnet wird.
2. Die Verhängung der Schutzhaft kann unter dem Gesichtspunkt der Amtspflichtverletzung (§ 839 BGB., Art. 131 RVerf.) nicht hinsichtlich Richtigkeit und Zweckmäßigkeit, sondern nur bei Ermessensmißbrauch und Willkür überprüft werden.
3. Politische Staatsakte entziehen sich der richterlichen Nachprüfung, bilden auch nicht den Gegenstand einer Amtspflicht gegenüber Dritten. Im übrigen sind die bestehenden Gesetze für den Richter nach wie vor Grundlage und Schranke seiner Befugnisse.

als „Abwehr kommunistischer staatsgefährdender Gewaltakte" (siehe Einleitung) „zur Wiederherstellung der öffentlichen Sicherheit und Ordnung" (siehe § 2) erforderlich sind (so Boehr: JW. 1933, 2499 und Mannzen: DJZ. 1933, 1426).

Demgegenüber wurde aus der VO. im Rahmen des preußischen Polizeirechts die Befugnis zur Schutzhaft abgeleitet, „soweit überhaupt das gesamte öffentliche und private Leben unseres Volkes sich mit den von der Reichsregierung oder den Regierungen der Länder oder deren Behörden erlassenen Anordnungen irgendwie begegnet" (Lüdtke: JW. 1933, 2241). Auch wurde betont, daß nicht der geschichtliche Hergang und die Einleitung, in der er sich wiederspiegelt, Gesetz geworden, sondern nur Beweggrund zum Erlaß des Gesetzes gewesen seien (Hoche: DJZ. 1933, 395); dies sei auch die Auffassung der Praxis geworden (Hoche: DJZ. 1933, 1491).

Indes kam von jeher der Vorgeschichte eines Gesetzes Bedeutung für seine Auslegung zu, und dies erst recht, wenn sie der Gesetzgeber sogar in die Einleitung aufnahm. Das tat er hier im Gegensatz zu anderen NotVO., wo nur „auf Grund des Art. 48 Abs. 2 RVerf. folgendes verordnet wird". Ebenso gab er einleitende Richtlinien in späteren Gesetzen (RErbhofG. vom 29. September 1933 [RGBl. I, 685]; Gesetz zur Änderung des Verfahrens in bürgerlichen Rechtsstreitigkeiten vom 27. Oktober 1933 [RGBl. I, 780]). Ferner muß auf den schon von Boehr a. a. O. erwähnten Runderlaß des PrMdJ. vom 3. März 1933, II 1121 (MBliV. I, 233) hingewiesen werden, welcher „für die praktische Anwendung der durch die VO. gewährten Handhaben folgende Weisungen erteilt: ... Zur Vermeidung von Mißgriffen weise ich darauf hin, daß Maßnahmen, die gegen Angehörige oder Einrichtungen anderer als kommunistischer, anarchistischer oder sozialdemokratischer Parteien oder Organisationen notwendig werden, auf die VO. zum Schutz von Volk und Staat vom 28. Februar 1933 nur dann zu stützen sind, wenn sie der Abwehr solcher kommunistischer Bestrebungen im weitesten Sinne dienen. In sonstigen Fällen ist nach der VO. vom 4. Februar 1933 einzuschreiten."

Dieser Erlaß ist für Preußen maßgebend geblieben. Dem durch Gesetz vom 26. April 1933 (GS. 122) errichteten Geheimen Staatspolizeiamt wurde durch VO. vom gleichen Tage (GS. 127 = MBliV. I, 510) die Befugnis zu Schutzhaftmaßnahmen übertragen und in einem Runderlaß vom 28. April 1933, II 1121 (MBliV. I, 510) eingeschärft, daß „auf die Innehaltung der im Runderlaß vom 3. März 1933 ... gezogenen Grenzen sorgfältigst zu achten ist". Endlich ist in einem Runderlaß vom 23. Juni 1933, II G 1110 H (MBliV. I, 749) beim Vorgehen gegen Mitglieder der Sozialdemokratischen Partei auf die polizeiliche Inhaftnahme nach Maßgabe des § 1 VO. vom 28. Februar 1933 hingewiesen worden.

Hiernach dürfte die oben gekennzeichnete Auffassung weder durch die Auslegung der VO. noch durch die preußische Praxis gerechtfertigt werden.

2. Voraussetzung des Schadensersatzanspruchs ist, daß bei der Anwendung der VO. vom 28. Februar 1933 eine Amtspflicht gegenüber einem Dritten verletzt wurde. Lüdtke a. a. O. nimmt (für Preußen) an, daß dem Schutzhäftling Beschwerde und sogar Klage im Verwaltungsstreitverfahren zustehen. Daraus wäre die Amtspflicht ihm gegenüber im Sinne des § 839 BGB. ohne weiteres abzuleiten. Aber auch wenn man für Württemberg nur die Verwaltungsbeschwerde (Nebinger, Das Württ. Polizeistrafgesetz [1930], § 4 II 3 f. S. 50) oder allgemein mit Neubert (JW. 1933, 2426) nur die Dienstaufsichtsbeschwerde für zulässig erachtet, dürfte die Amtspflicht zu bejahen sein, von der im allgemeinen nur der innere Verkehr unter den Behörden ausgenommen wird.

Freilich handelt es sich bei der Anwendung der VO. um eine Ermessensfrage. Indes kann auch sie unter dem Gesichtspunkt der Amtspflicht überprüft werden (Staudinger, BGB. 9 [1929] § 839 5a Abs. 1 bis 3), grundsätzlich zwar nicht hinsichtlich der Richtigkeit und Zweckmäßigkeit, aber ausnahmsweise, wie das Obergericht Danzig (8. Mai 1933: DJZ. 1933, 1508) sagt, „falls der Beamte ohne jede Prüfung der Sachlage oder rein willkürlich gehandelt hat", also bei „Ermessensmißbrauch und Willkür".

Es wird dagegen eingewandt (Neubert a. a. O.; Hoche a. a. O. 1491), auch in dieser Beschränkung sei die Nachprüfung ausgeschlossen, weil es sich um politische Staatsakte handle und im nationalsozialistischen Staat, wo Gesetzgebung, Verwaltung und Justiz nicht mehr gegeneinander stünden, die Justiz nicht unter dem Blickpunkt einer anderen Betrachtungsweise verneinen könne, was der Staat als politische Handlung vornehme. Diese anerkannten grundlegenden Prinzipien seien auch ohne formelle Gesetzesbestimmungen geltendes Recht geworden. Dem kann nur zugestimmt werden, soweit es sich um politische Staatsakte handelt, die, von einem Organ des Staates vorgenommen, nicht durch das andere bekämpft werden können. Deshalb hat z. B. der Führer die in Art. 13, 19 RVerf. eingesetzte Gerichtsbarkeit durch die zwei Gesetze zur Gleichschaltung der Länder mit dem Reich vom 31. März und 7. April 1933 (RGBl. I, 153, 173) aufgehoben. Zudem ist im Rahmen solcher Staatsakte gar keine Amtspflicht gegenüber Dritten gegeben. Außerhalb dieses Rahmens aber ist dem Richter nach wie vor vom Führer die Pflicht auferlegt, nach Maßgabe der bestehenden Gesetze zu urteilen. Diese sind Grundlage und Schranke seiner Befugnisse. Sache des Führers und nur seine Sache ist es, zu prüfen, ob diese Gesetze, weil durch die nationalsozialistische Revolution überholt, geändert werden müssen (so besonders StSekr. Dr. Freisler: Deutsche Justiz 1933 Heft 1).

3. Prüft man nach den unter Ziff. a und b behandelten Vor-

aussetzungen den vorliegenden Fall, so ergeben sich nicht die geringsten Anhaltspunkte für eine Amtspflichtverletzung. Es bestehen keine Bedenken, den dem Antragsteller zur Last gelegten Waffenhandel in Verbindung mit kommunistischen und anarchistischen Bestrebungen zu bringen und für Ermessensmißbrauch oder Willkür weiß der Antragsteller selbst nichts anzuführen.

3. **Beschluß des Sächsischen Oberverwaltungsgerichts** vom 14. September 1934 — 59 I/34 —

Jur. Wochenschrift 1934 S. 3327, Reichsverwaltungsblatt 1935 S. 399, Jahrb. der Entsch. des Sächs. OVG. Bd. 39 S. 63.

Der Kläger befand sich vom 1. April 1933 bis 13. November 1933 und vom 10. Januar 1934 bis 27. Januar 1934 in Schutzhaft. Die Anordnung dazu war vom Polizeipräs. Dresden auf Grund der VO. des RPräs. zum Schutze von Volk und Staat vom 28. Februar 1933 ausgesprochen worden. Nach seiner Entlassung erhielt der Kläger von demselben Polizeipräsidium am 16. Februar 1934 eine „Zahlungsaufforderung für Schutzhaft" in Höhe von RM. 486,—. Er wendet im wesentlichen dagegen ein, daß es für die Kostenersatzforderung an jeder gesetzlichen Grundlage fehle.

Die Zahlungsaufforderung betrifft den Ersatz der Kosten, die der Staat für die Verpflegung und Bewachung des Klägers während der Schutzhaft aufgewendet hat. Sie sind nach Punkt 2 einer (nicht veröffentlichten) VO. des Min. d. J. vom 5. April 1933 nach einem Tagespauschsatz von RM. 2,— berechnet.

Es kann dahingestellt bleiben, ob die strittige Forderung etwa in einer Bestimmung des VerwKostG. vom 27. Mai 1924 (GBl. S. 333) oder im § 6 AGBGB. vom 18. Juni 1898 (GVBl. S. 141) oder in dem Gesetz über die Kostenlast bei Aufwendungen für den Lebensbedarf infolge polizeilicher Maßnahmen vom 3. März 1928 (GBl. S. 62) oder schließlich in dem sächsischen auf Gewohnheitsrecht beruhenden Grundsatz ihre Begründung findet, wonach jemand, der eine behördliche Handlung veranlaßt hat, zum Ersatz der dem Staat (oder sonstigen Hoheitsträgern) dadurch entstandenen Aufwendungen verpflichtet ist, weil er den Zustand zu vertreten hat, der diese Aufwendungen verursachte (vgl. bes. Jahrb. 4, 364; 32, 19 bes. 21). Denn sie stellt sich trotz ihrer zeitlichen und förmlichen Trennung von der Schutzhaftanordnung selbst der Sache nach als ein Teil dieser Anordnung dar, wie sich schon daraus ergibt, daß die Rechtsfolge der Haftkostenerstattung bereits in der Haftanordnungsverfügung hätte ausgesprochen werden können. Die Anordnung ist aber als eine polizeiliche Verfügung auf Grund der anfangs genannten RPräsVO. vom 28. Februar 1933 nach § 75 Abs. 1 Ziff. 20 VRPG. i. d. F. von § 2 des Gesetzes zur Änderung des VRPG. vom 14. Dezember 1933 (GBl. S. 194) der Anf.-Klage vor dem OVG. entzogen. Dabei kann weiter offen bleiben, ob die Forderung nur mittelbar auf dieser RPräsVO., unmittelbar aber auf der VO. des Min. d. J. vom 5. April 1933 beruht, weil nach dem Wortlaute der angeführten Bestimmung des VRPG. auch Verfügungen auf Grund der zu der RPräsVO. erlassenen Vollzugsbestimmungen der Anf.-Klage nicht zugänglich sind und die erwähnte MinVO. eine solche Vollzugsbestimmung darstellt.

Demnach ist das OVG. durch das Gesetz behindert, in eine sachliche Prüfung der Angelegenheit einzutreten.

4. Urteil des Hamburgischen Verwaltungsgerichts.

Vom 7. Oktober 1935, 139/35, Deutsche Justiz 1936, S. 187, Jur. Wochenschrift 1936, S. 543, Reichsverwaltungsblatt 1935, S. 1045.

Durch Bescheid vom 13. Mai 1935 hat die Verklagte (Polizeibehörde) den Bürgerverein X. mit sofortiger Wirkung auf Grund des § 1 der Verordnung des Reichspräsidenten zum Schutz von Volk und Staat vom 28. Februar 1933 verboten und aufgelöst, weil seine Tätigkeit staatlichen Interessen zuwiderlaufe. Dagegen hat der Kläger Klage erhoben mit dem Antrage auf Aufhebung des Bescheids der Verklagten.

Wenn die Polizeibehörde, wie im vorliegenden Falle, auf Grund der VO. vom 28. Februar 1933 eine Verfügung trifft, dann handelt es sich dabei ohne Zweifel um eine polizeiliche Verfügung, und demgemäß findet dagegen gemäß § 2 VGG. die Klage im Verwaltungsstreitverfahren statt. Eine andere Frage aber ist es, in welchem Falle und unter welchen Voraussetzungen solche Klage überhaupt Erfolg haben kann. Wird die VO. vom 28. Februar 1933 entsprechend den obigen Ausführungen auf dem Gebiet angewendet, für das sie nach der Präambel bestimmt ist, d. h. zur Abwehr kommunistischer staatsgefährlicher Gewaltakte, dann handelt es sich dabei allemal um Verwaltungsakte, die durchaus staatspolitischer Natur sind, und es entsteht deshalb die Frage, ob staatspolitische Verwaltungsakte überhaupt verwaltungsgerichtlicher Kontrolle unterworfen sind. Hierbei handelt es sich um eine umstrittene Frage. Das Preuß. OVG. hat in einer Entscheidung vom 25. Oktober 1934 (Entscheidungen Band 94 Seite 134 ff.) den Standpunkt vertreten, daß auch gegenüber einer Polizeiverfügung, die auf dem Gebiete der politischen Polizei liegt, die Klage im Verwaltungsstreitverfahren gegeben sei. Zu einer etwa aus allgemeinen staatspolitischen Erwägungen erfolgenden eigenmächtigen Abweichung von den Normen, nach denen es zur allgemeinen Aufgabe der Polizei gehört, die öffentliche Sicherheit und Ordnung aufrechtzuerhalten und in diesem Rahmen auch um den Schutz des Staatswesens nach außen und innen besorgt zu sein, und nach denen auf diesem Gebiet liegende polizeiliche Verfügungen allgemein durch Klage im Verwaltungsstreitverfahren anfechtbar seien, sei der Richter nicht befugt. Dementsprechend sei auch in dem schon oben erwähnten Durchführungserlaß des Preußischen Ministers des Innern vom 3. März 1933 bemerkt, daß ungeachtet der durch die VO. vom 28. Februar 1933 bewirkten Erweiterung der sonst den Polizeibehörden gesetzten Schranken die auf die Verordnungen gestützten Anordnungen der Polizei im übrigen Polizeiverordnungen bleiben und daher auch in formeller Beziehung den dafür geltenden Vorschriften unterliegen. Das Preuß. OVG. weist schließlich darauf hin, daß nach § 1 Abs. 3 des Gesetzes über die Errichtung eines Geheimen Staatspolizeiamts vom 26. April 1933 auf die Verfügungen des Staatspolizeiamts, die sich im übrigen häufig auf die VO. vom 28. Februar 1933 stützen würden, die Vorschriften des Polizeiverwaltungsgesetzes über die Anfechtung landespolizeilicher Verfügung anwendbar sein sollten. So sei auch darin zum Ausdruck gekommen, daß die Anfechtbarkeit solcher Maßnahmen im Verwaltungsstreitverfahren nicht habe in Frage gestellt werden sollen (vgl. auch Urt. des Preuß. OVG. vom 2. Mai 1935 im Reichsverwaltungsblatt Band 56 S. 577, Urt. des Preuß. OVG. vom 23. Mai 1935 in JW. 1935 Heft 37/38 S. 2670 und Berger in JW. 1934 S. 14).

Auf der anderen Seite wird der Standpunkt vertreten, daß es entsprechend dem Wesen des nationalsozialistischen Staats schon heute als geltendes Recht betrachtet werden müsse, daß Verwaltungsakte staatspolitischer Natur, d. h. solcher Verwaltungsakte, die das Bestehen und die Sicherheit des Staats und seiner Einrichtungen zum Gegenstand haben, richterlicher Nachprüfung nicht unterworfen sein können. Begründet wird dieser Standpunkt damit, daß im nationalsozialistischen Staate Gesetzgebung, Verwaltung und Justiz nicht gegeneinander stehen, sondern nur verschiedene Tätigkeiten desselben Organismus seien und daß daher die Justiz nicht unter dem Blickpunkt einer anderen Betrachtungsweise verneinen könne, was der Staat als politische Handlung vornehme. Die schrankenlose Rechtsauffassung des liberalen Staates, die soweit gegangen sei, daß der Staat sich auch dort der richterlichen Kontrolle zu beugen habe, wo Lebensnotwendigkeiten in Frage stehen, habe im nationalsozialistischen Staate keinen Platz mehr. Beachtlich sei dabei weiter, daß die wesentlichen und entscheidenden Gesichtspunkte, nach denen politische Dinge beurteilt werden, nicht auf einem Gebiete liegen, das von einer juristischen Betrachtungsweise erfaßt werden könne, dabei seien vielmehr Umstände und Zusammenhänge maßgebend, die nur die mit ihnen vertraute Verwaltungsinstanz richtig zu bewerten verstehe. Seien auch diese Grundsätze heute noch nicht besonders gesetzlich festgelegt, so müßten sie doch auch jetzt schon als geltendes Recht angesehen werden, da die nationalsozialistische Revolution selbst Rechtsquelle mit unmittelbarer Rechtswirkung sei und die anerkannten grundliegenden Prinzipien der nationalsozialistischen Rechtsauffassung auch dort als bereits geltender Bestandteil des materiellen deutschen

Rechts anzusehen seien, wo sie noch nicht ihren Niederschlag in formellen Gesetzesbestimmungen gefunden hätten (vgl. Dr. Schack in Reichs-Verw.-Bl. Bd. 55 S. 593, Dr. Lauer, ebenda, S. 168, Dr. Hoche in Juristenzeitung 1933 S. 1490, Dr. Lauer in JW. 1934, S. 2832, Dr. Neubert in JW. 1933 S. 2426, Dr. Spohr in Deutsche Justiz 1934 A A. 58, Dr. Stuckart in Deutsche Verwaltung 1935 S. 163).

Formellrechtlich gesehen mag der oben wiedergebene Standpunkt des Preuß. OVG. richtig erscheinen, in der Sache selbst aber führt dieser Standpunkt zu Folgerungen, die schlechterdings mit der gegenwärtigen Staatsauffassung nicht vereinbar sind. Nach dieser Auffassung muß es als Unding erscheinen, daß die Gerichte sich auch nur irgendwie auf das Gebiet der Staatspolizei begeben und möglicherweise im Einzelfall behördliche Maßnahmen staatspolitischer Natur durchkreuzen und aufheben. Dazu sind die Gerichte heute schlechterdings nicht berufen, findet doch der staatspolitische Verwaltungsakt letzten Endes seine Begründung und Rechtfertigung in den Lebensnotwendigkeiten des Staates, die zu wahren und zu sichern einzig Aufgabe der Regierung und Verwaltung sein kann. Das Gericht steht deshalb auf dem Standpunkt, daß ein staatspolitischer Verwaltungsakt nicht mit Erfolg im Verwaltungsstreitverfahren ausgefochten werden kann.

Selbstverständlich kann es sich im Einzelfall um eine sehr schwierige Frage handeln, ob eine behördliche Maßnahme staatspolitischer Natur ist oder nicht, und es entsteht dabei die weitere Frage, welche Stelle diese Frage zu entscheiden hat. Mit Recht hat Reuß, Die Verwaltungsgerichtsbarkeit im Neuen Reich in JW. 1935 S. 2025, bemerkt, es dürfe ein Gebot der Konsequenz sein, hierüber nicht die Verwaltungsgerichte, sondern die Verwaltungsbehörden entscheiden zu lassen. Da nämlich gerade die Entscheidung darüber, ob eine Angelegenheit oder ein Sachgebiet politisch oder unpolitisch sei, in spezifischer Weise eine politische Entscheidung darstelle, der Grundgedanke aber doch gerade dahin gehe, die Verwaltungsgerichte keine politischen Entscheidungen fällen zu lassen, so bliebe nur übrig, die Entscheidung über den Grad der politischen Imprägnierung eines Verwaltungsaktes den Verwaltungsbehörden zuzuweisen. Man darf erwarten, daß bei einer künftigen, dieses Gebiet betreffenden gesetzlichen Regelung auch diese Frage in einer den Staatsbedürfnissen entsprechenden Weise geregelt werden wird, und zwar evtl. in der Weise, daß die Entscheidung der Frage, ob eine Verwaltungsmaßnahme staatspolitischer Natur ist oder nicht und ob danach die Verwaltungsklage ausgeschlossen ist, in die Hand der zuständigen Zentralbehörde gelegt wird. Bis dahin aber muß daran festgehalten werden, daß grundsätzlich der Regierung bzw. der Verwaltung und nicht den Gerichten die Entscheidung in dieser Frage zusteht. Selbstverständlich kann es damit nicht in die Macht der Verwaltungsbehörde gegeben sein, eine Maßnahme, deren unpolitische Natur offensichtlich ist, durch einfache Erklärung zu einer staatspolitischen zu stempeln, um so die Verwaltungsklage auszuschließen. Insoweit müßte eine Nachprüfung im Verwaltungsstreitverfahren möglich sein, da in solchen Fällen eine Willkür in Frage stehen würde, deren Bestehen nicht Rechtens sein kann. Es liegt hier ähnlich wie bei den Verwaltungsakten, die in das Ermessen der betreffenden Behörde gestellt sind. In solchen Fällen unterliegt das behördliche Ermessen nach § 46 Hamb. VGG. allerdings nicht der richterlichen Nachprüfung, gleichwohl ist die Klage, jedenfalls soweit es sich dabei um polizeiliche Verfügungen handelt, an sich zulässig und kann Erfolg haben, falls der Behörde Überschreitung der ihr zustehenden Ermessensbefugnis (Ermessensmißbrauch oder -willkür) nachgewiesen werden kann.

Zusammenfassend ist folgendes zu bemerken:

Gegen polizeiliche Verfügungen auf Grund der VO. vom 28. Februar 1933 ist an sich die Verwaltungsklage zulässig. Eine solche Klage kann aber nur dann Erfolg haben, falls die Polizeibehörde dabei die durch die Präambel der Verordnung gesetzten Grenzen ihres Anwendungsgebiets unzulässigerweise überschritten haben sollte. Ganz allgemein können staatspolitische Verwaltungsakte nicht mit Erfolg im Verwaltungsstreitverfahren angefochten werden. Die Entscheidung darüber, ob es sich im Einzelfall um eine staatspolitische Maßnahme handelt, liegt bei der betreffenden Verwaltungsbehörde und nicht beim Gericht. Ein Eingriff des Gerichts ist nur möglich, falls eine Verwaltungsbehörde in offensichtlich falscher oder willkürlicher Weise eine Maßnahme als staatspolitisch bezeichnen sollte, die in Wirklichkeit und offensichtlich nicht staatspolitischer Natur ist.

Im vorliegenden Fall muß danach der Klage jedenfalls schon dann der Erfolg versagt werden, falls es sich bei der angefochtenen Verfügung um eine Verfügung staatspolitischer Natur handelt. Wie schon ausgeführt, ist für diese Frage in erster Linie die Verklagte selbst kompetent, und zwar in einer Weise, daß ein Eingriff des Gerichts überhaupt nur möglich wäre, falls ganz offensichtlich eine staatspolitische Maßnahme überhaupt nicht in Frage stünde.

5. Urteil des Preußischen Oberverwaltungsgerichts
vom 2. Mai 1935, III C 43/35,
Reichsverwaltungsblatt 1935 S. 577.

Unter dem 4. September 1934 erhob der Verein Su. Klage beim Bezirksverwaltungsgericht in Berlin gegen das Geheime Staatspolizeiamt daselbst. Der Verein gab an, am 23. August 1934 sei seinem ersten Vorsitzenden durch zwei Beamte des Geh. Staatspolizeiamts eröffnet worden, daß das Vermögen des Vereins zwecks etwaiger Beschlagnahme sichergestellt werde.

Der Präsident des Bezirksverwaltungsgerichts teilte dem Kläger Abschrift eines Schriftsatzes des Geh. Staatspolizeiamts mit, in dem ausgeführt wird, die Beschlagnahme sei auf Grund des § 1 der Verordnung des Reichspräsidenten vom 28. Februar 1933 (RGBl. I S. 83) durch einen Sonderbeauftragten des politischen Polizeikommandeurs erfolgt. Da dieser zugleich Inspekteur der Geh. Staatspolizei in Berlin sei, hätten die Maßnahmen, soweit sie in Preußen getroffen worden seien, als Verfügungen des Geh. Staatspolizeiamts zu gelten.

Durch Entscheidung vom 1. November 1934 erkannte das Bezirksverwaltungsgericht auf Abweisung der Klage.

Die Revision des Klägers hiergegen konnte keinen Erfolg haben.

Zutreffend hat das Bez.-Verwaltungsgericht die Entscheidung des vorliegenden Rechtsstreits von der Frage der Zulässigkeit der Klage im Verwaltungsstreitverfahren abhängig gemacht und demgemäß die Klage als unzulässig abgewiesen. Nach dem vom Vorderrichter angeführten Aufzählungs- (Enumerations-) Grundsatz findet die Klage im Verwaltungsstreitverfahren nur statt, wenn sie durch eine Gesetzesbestimmung ausdrücklich zugelassen ist. Der im Polizeiverwaltungsgesetz geordnete Rechtsmittelzug betrifft nach dem Wortlaut des Gesetzes nur die von den ordentlichen Polizeibehörden, d. h. den Orts-, Kreis- oder Landespolizeibehörden, erlassenen polizeilichen Verfügungen. Von einer ordentlichen Polizeibehörde war die hier streitige Beschlagnahmeverfügung nicht erlassen; sie ging vielmehr aus von dem Geh. Staatspolizeiamt, so wie dessen rechtlicher Aufbau durch das Gesetz vom 30. November 1933 geregelt worden war.

Mit diesem Gesetz wurde dem Geh. Staatspolizeiamt ein behördlicher Charakter aufgeprägt, der sich grundsätzlich von dem ihm bei seiner Errichtung durch Gesetz vom 26. April 1933 verliehenen unterscheidet. Nach dem letztgenannten Gesetz sollte das Geh. Staatspolizeiamt auf politischem Gebiete „neben den oder an Stelle der ordentlichen Polizeibehörden" tätig werden und „die Stellung einer Landespolizeibehörde" besitzen. Ob das so gekennzeichnete, neu geschaffene Amt als eine Sonderpolizeibehörde im Sinne der §§ 2 Abs. 2, 8 Pol.VerwG. anzusehen war, kann dahingestellt bleiben; insbesondere bedarf dies, soweit es sich um die Frage der Rechtsmittel handelt, keiner Prüfung, weil insoweit durch § 1 Abs. 3 des Gesetzes ausdrücklich eine Regelung nach Maßgabe der Bestimmungen des Polizeiverwaltungsgesetzes über die Anfechtung landespolizeilicher Verfügung getroffen war. Wesentlich für die ursprüngliche Rechtsnatur des Geh. Staatspolizeiamts war aber, daß seine Stellung innerhalb des Behördenaufbaues durch seine gesetzliche Unterordnung unter den Minister des Innern (§ 1 Abs. 1 Satz 2) eindeutig, und zwar im Sinne einer Eingliederung in den Geschäftsbereich dieses Ministers, festgelegt worden war. In unmittelbarer Unterstellung unter diesen Minister übernahm es auf politischem Gebiete die Aufgaben des bisherigen Landeskriminalpolizeiamts beim Polizeipräsidium in Berlin; als seine Hilfsorgane wurden „Staatspolizeistellen" tätig, die an die Stelle der bisherigen Landeskriminalpolizeistellen traten, aber ausdrücklich „Organe der Landespolizeibehörden" blieben (vgl. den Erlaß des Ministers des Innern vom 26. April 1933 — MBliV. S. 503).

Dieser Rechtszustand änderte sich, wie das Bezirksverwaltungsgericht ebenfalls zutreffend erkannt hat, mit der Schaffung der „Geheimen Staatspolizei". Mit ihr entstand eine Behördenorganisation, die zufolge ausdrücklicher gesetzlicher Bestimmung eine Stellung außerhalb des Zuständigkeitsbereichs des für die Wahrnehmung der Polizei regelmäßig zuständigen Ministers des Innern einnahm. § 1 Abs. 1 Satz 1 und 2 des Gesetzes vom 30. November 1933 besagen: „Die Geh. Staatspolizei bildet einen selbständigen Zweig der inneren Verwaltung. Ihr Chef ist der Ministerpräsident." Der Begriff der „inneren Verwaltung" ist hier nicht in dem heute üblichen Sinne gebraucht, wonach dieses Wort die ressortmäßige Zugehörigkeit zum Zuständigkeitsbereich des Ministers des Innern bezeichnet — etwa im Gegensatz zur „Handelsverwaltung", „Unterrichtsverwaltung" usw. Die Bezeichnung „innere Verwaltung" wird hier vom Gesetzgeber vielmehr in der ursprünglichen Bedeutung des Wortes verwendet, die ihm bei Begründung der fünf Ressortministerien durch die Steinsche Reformgesetzgebung im Jahre 1808 beigelegt wurde, wonach die „innere" — späterhin mehrfach unterteilte — Verwaltung alle diejenigen Staatsgeschäfte umfaßte, die nicht den Finanz-, Auswärtigen, Kriegs- oder Justizangelegenheiten zuzurechnen waren (vgl. das Publikandum vom 16. Dezember 1808, Nov. Corp. Const. XII, 1808, S. 527).

Die organisatorische Verselbständigung der Geh. Staatspolizei kommt einmal in ihrer Unterstellung als Ganzes unter den Ministerpräsidenten und sodann in der Schaffung besonderer, mit eigenen Namen bezeichneter Behörden zum Ausdruck. Mit der laufenden Wahrnehmung der Geschäfte des Chefs ist der „Inspekteur der Geh. Staatspolizei" berufen (§ 1 Abs. 1 Satz 3 des Gesetzes vom 30. November 1933). Dieser ist gleichzeitig Leiter des „Geh. Staatspolizeiamts" (§ 1 Abs. 3 a. a. O.), das die Aufgaben der Geh. Staatspolizei für das gesamte Staatsgebiet wahrnimmt (§ 1 Abs. 1 zu a der Durchführungsordnung vom 8. März 1934). Außerdem bestehen „Staatspolizeistellen" für die Landespolizeibezirke (§ 1 Abs. 1 zu b DurchfVO.) und „Außendienststellen der Staatspolizeistellen" (§ 1 Abs. 4 DurchfVO.). Über die „Staatspolizeistellen" ist allerdings gesagt, daß sie den Regierungspräsidenten, in Berlin dem Polizeipräsidenten, „unterstellt" seien, mit denen sie in unmittelbarer Geschäftsverbindung stehen sollen (§ 1 Abs. 3 DurchfVO.), doch ist nach Lage der Sache damit offenbar nur eine Unterstellung des Dienstbetriebes in formeller Hinsicht unter die Aufsicht dieser Stellen gemeint, während sich deren sachlicher Einfluß darauf beschränkt, daß die Leiter der Staatspolizeistellen etwaigen „Wünschen" des Regierungspräsidenten zu entsprechen haben (Nr. 5 des Erlasses vom 8. März 1934 — MBliV. S. 469 —). Einnahmen und Ausgaben der Geh. Staatspolizei werden zwar im Haushalt des Ministers des Innern, jedoch gesondert, veranschlagt; über die betreffenden Mittel verfügt der Ministerpräsident (§ 2 der DurchfVO.). In sachlicher Beziehung bezeichnet § 2 des Gesetzes als Angelegenheiten der Geh. Staatspolizei „die von den Behörden der allgemeinen und der inneren Verwaltung wahrzunehmenden Geschäfte der politischen Polizei", und § 3 Abs. 1 bestimmt, daß die bisher von dem Ministerium des Innern wahrgenommenen Geschäfte der politischen Polizei mit dem Inkrafttreten des Gesetzes auf das Geh. Staatspolizeiamt übergehen. Nach § 3 Abs. 2 haben die Landes-, Kreis- und Ortspolizeibehörden in den Angelegenheiten der Geh. Staatspolizei den Weisungen des Geh. Staatspolizeiamts Folge zu leisten.

Nach allem ergibt sich für die rechtliche Natur des Geh. Staatspolizeiamts seit Inkrafttreten des Gesetzes vom 30. November 1933 folgendes: Das Amt ist Glied einer besonderen Behördenorganisation, der „Geh. Staatspolizei", welche einen selbständigen Zweig der preußischen Staatsverwaltung bildet. Es hat, wie die Geh. Staatspolizei als Ganzes, ein besonderes sachliches Aufgabengebiet: die Wahrnehmung von Geschäften der politischen Polizei. Damit sind die Kennzeichen einer „Sonderpolizeibehörde" im Sinne der §§ 2 Abs. 2, 8 PolVerwG.: eine aus der Organisation der ordentlichen Polizeibehörden herausgelöste behördliche Stellung, verbunden mit einer polizeilichen Sonderaufgabe, gegeben. Dem geschlossenen Kreise der ordentlichen Polizeibehörden nach § 2 Abs. 1 PolVerwG., d. h. der Landes-, Kreis- und Ortspolizeibehörden, kann es um so weniger zugerechnet werden, als es ihnen gegenüber nach der erwähnten Vorschrift des § 3 Abs. 2 des Gesetzes vom 30. November 1933 vielmehr die Stellung einer Zentralbehörde einnimmt.

Aus der so gekennzeichneten Eigenschaft des Geh. Staatspolizeiamts, das sich nunmehr zweifelsfrei als eine Sonderpolizeibehörde darstellt, ergibt sich, daß seine Verfügungen, wie oben ausgeführt, den Bestimmungen des Polizeiverwaltungsgesetzes über den Rechtsmittelzug nicht unterliegen. Da auch das Gesetz vom 30. November 1933 eine Anfechtung durch Klage im Verwaltungsstreitverfahren nicht vorsieht, so ist dem Betroffenen nur der allgemeine Rechtsbehelf der Beschwerde im Aufsichtswege gegeben. Aus § 5 des Gesetzes, nach welchem die Bestimmungen des früheren Gesetzes insoweit außer Kraft traten, als sie ihm entgegenstand, im übrigen also als fortgeltend zu behandeln sind, kann etwa Gegenteiliges nicht gefolgert werden. Denn wenn § 1 Abs. 3 des früheren Gesetzes eine Anfechtung der Verfügungen des Geh. Staatspolizeiamts nach den für landespolizeiliche Verfügungen geltenden Bestimmungen zuließ, so war dies eine Folge seiner damaligen, nun aber grundlegend geänderten organisatorischen Stellung. Der

— übrigens nicht zutreffende — Hinweis des Klägers, daß bei Wegfall des § 1 Abs. 3 keine Bestimmung aus dem Gesetz vom 26. April 1933 übrig bleibe, die nicht nach § 5 des Gesetzes vom 30. November 1933 außer Kraft getreten wäre, genügt nicht, um demgegenüber die Absicht einer Fortgeltung jener Bestimmung wahrscheinlich zu machen.

Wie weit auch die Verfügungen der übrigen Organe der Geh. Staatspolizei, insbesondere diejenigen der dem Geh. Staatspolizeiamt unterstellten Staatspolizeistellen, weil gleichfalls Sonderpolizeibehörden, von der Anfechtung im Verwaltungsstreitverfahren ausgenommen sind, steht hier nicht zur Entscheidung; doch sei bemerkt, daß die Verneinung einer solchen Anfechtbarkeit in dem angefochtenen Bescheide durchaus folgerichtig erscheint. Die weitere Frage, ob mit dem Inkrafttreten des Gesetzes vom 30. November 1933 auch Klagen gegen Verfügungen des Geh. Staatspolizeiamts, die vor Ergehen dieses Gesetzes erlassen wurden, unzulässig geworden sind und ob das Verfahren, soweit solche Klagen bereits angestrengt waren, eingestellt werden mußte, ist in dem vorliegenden Zusammenhang ohne Belang und kann daher unbeantwortet bleiben. Für den hier zu entscheidenden Streitfall ergibt sich jedenfalls, daß die erhobene Klage unzulässig war und daher durch den angefochtenen Bescheid zutreffend abgewiesen worden ist. Ergänzend sei nur bemerkt, daß die Eigenschaft der angefochtenen Verfügung als einer „politischen" allein nicht genügen würde, ihre Anfechtbarkeit im regelrechten Rechtsmittelverfahren auszuschließen, und zwar auch dann nicht, wenn sie auf der Rechtsgrundlage der Verordnung des Reichspräsidenten vom 28. Februar 1933 (RGBl. I S. 83) erlassen ist (vgl. das Urteil des Senats vom 25. Oktober 1934 — JW. 1935 S. 1272 —).

6. Beschluß des Preußischen Oberverwaltungsgerichts vom 19. März 1936, III C 273/35, Jur. Wochenschrift 1936 S. 2189, Reichsverwaltungsblatt 1936 S. 339.

Wegen Befürchtung einer Störung der öffentlichen Sicherheit und Ordnung durch die Form des vom Missionar G. gegen die Reichskirchenregierung aufgenommenen und geführten Kampfes erließ an ihn der Landrat als Kreispolizeibehörde in N. am 15. Oktober 1934 folgende Verfügung:

„Auf Grund VO. des Herrn RPräs. zum Schutz von Volk und Staat vom 28. Februar 1933 (RGBl. I, 83) ordne ich hiermit Ihre Verweisung aus dem Gebiete des Kreises N. an und fordere Sie auf, den Kreis N. binnen einer Woche .... endgültig zu verlassen. Irgendein Auftreten als Redner im Kreise wird Ihnen bereits mit sofortiger Wirkung untersagt. Ich weise darauf hin, daß die gegen Sie angeordnete Aufenthaltsbeschränkung unter Umständen auf das Gebiet des ganzen Regierungsbezirks ausgedehnt werden wird, falls Sie auch in anderen Teilen des Bezirks durch Ihr Auftreten und Ihre Äußerungen Unruhe in die Bevölkerung hineintragen."

Die von G. gegen diese Verfügung eingelegte Beschwerde wurde durch Bescheid des RegPräs. zurückgewiesen. Die Begründung besagte: Die Feststellungen hätten ergeben, daß G. in den letzten Wochen vor dem Erlaß der angefochtenen Verfügungen durch seine scharfe, unsachliche Stellungnahme gegenüber dem Reichsbischof und der Reichskirchenregierung in mündlichen Ausführungen und durch Flugblätter eine solche Beunruhigung in die Bevölkerung des Kreises N. hineingetragen hätte, daß mit ernstlichen Störungen der öffentlichen Sicherheit und Ordnung hätte gerechnet werden müssen. G. habe durch sein Verhalten in besonderem Maße zur Verschärfung der kirchenpolitischen Lage im Kreise N. beigetragen.

Die gegen diesen Bescheid erhobene Klage wurde vom BezVerwGer. wegen Unzulässigkeit abgewiesen.

Die Abweisung wird damit begründet, daß es sich bei der angefochtenen Verfügung um eine von der Polizei auch ausdrücklich als solche erklärte Anordnung staatspolizeilicher Natur handele und diese allgemein einer verwaltungsgerichtlichen Kontrolle entzogen sei, daß ferner aber auch die grundsätzliche Unanfechtbarkeit von Verfügungen der Geh. Staatspolizei zu gelten habe für Verfügungen, die zwar nicht unmittelbar von der Geh. Staatspolizei, aber, wie hier geschehen, im Einvernehmen mit dieser und auf deren Aufgabengebiet von einer ordentlichen Polizeibehörde erlassen worden seien.

Die Revision des Klägers wies das OVG. zurück.

Richtig ist zwar, daß nach der vom Kläger angezogenen und auf der bisherigen Lage der Gesetzgebung beruhenden Rspr. des OVG. die Eigenschaft einer polizeilichen Verfügung als einer „politischen" allein nicht genüge, um sie der Anfechtbarkeit im regelrechten Rechtsmittelverfahren zu entziehen, und daß ferner von den ordentlichen Polizeibehörden als „Hilfsorgane" der Geh. Staatspolizei erlassene Verfügungen der den Verfügungen der Geh. Staatspolizei in allen ihren Gliedern zugesprochenen Unanfechtbarkeit nicht teilhaftig waren (vgl. OVG. 94, 134 ff.; RVBl. 56, 577). Diese Rspr. ist jedoch durch eine Änderung der bestehenden Gesetzgebung auf dem in Betracht kommenden Gebiet überholt. Das Gesetz über die Geh. Staatspolizei vom 10. Februar 1936 (GS. 21) enthält unter Aufhebung der die Geh. Staatspolizei betreffenden Gesetze vom 26. April 1933 (GS. 122) und vom 30. November 1933 (GS. 413) sowie der §§ 1—3 DurchfVO. vom 8. März 1934 (GS. 143) im § 7 die Bestimmung, daß Verfügungen und Angelegenheiten der Geh. Staatspolizei der Nachprüfung durch die VerwGer. nicht unterliegen.

Diese Vorschrift ist verfahrensrechtlicher Art. Daran kann kein Zweifel bestehen. Denn sie schließt das verwaltungsgerichtliche Verfahren in bestimmten Fällen aus. Nach der Rspr. des OVG. (vgl. R.- u. PrVerwBl. 52, 793 und 894; OVG. 88, 215), die mit der des RG. übereinstimmt, finden neue verfahrensrechtliche Vorschriften vom Zeitpunkt ihres Inkrafttretens auch auf schwebende Verfahren Anwendung, soweit im Gesetz nichts Gegenteiliges bestimmt ist, was für das genannte Gesetz vom 10. Februar 1936, das am 11. Februar 1936 in Kraft getreten ist, nicht gilt. Die VerwGe. sind daher auch in schwebenden Verfahren zur Nachprüfung polizeilicher Anordnungen in dem in § 7 des Gesetzes vom 10. Februar 1936 bestimmten Umfange nicht mehr befugt, so daß auch vor Erlaß dieses Gesetzes angebrachte, aber unter dessen Ausschlußvorschrift fallende Verwaltungsstreitklagen, wenn sie nicht zurückgenommen werden, wegen Unzulässigkeit des Verfahrens abgewiesen werden müssen.

Es fragt sich daher, ob die erwähnte Bestimmung des § 7 auf den vorliegenden Streitfall Anwendung zu finden hat, was bejaht werden mußte. Der § 7 erklärt für unanfechtbar mit der verwaltungsgerichtlichen Klage Verfügungen und Angelegenheiten der Geh. Staatspolizei. Danach sind also nicht nur die von den einzelnen Dienststellen der Geh. Staatspolizei selbst erlassenen Verfügungen, sondern auch diejenigen Anordnungen sachlichen Inhalts der ordentlichen (Kreis- und Orts-) Polizeibehörden der Anfechtung entzogen, die diese in ihrer Eigenschaft als Hilfsorgane der Geh. Staatspolizei (§ 4 des Gesetzes) in einer Angelegenheit der Geh. Staatspolizei getroffen haben. Aufgabe der Geh. Staatspolizei ist die Erforschung und Bekämpfung aller staatsgefährlichen Bestrebungen. Innerhalb dieses Aufgabenbereichs ergangene Anordnungen der ordentlichen Polizeibehörden, also solche, die offenbar dazu bestimmt sind, dem Schutze der Staatssicherheit nach außen oder innen zu dienen, sind danach unanfechtbar. Auch ob die von der Polizei im Einzelfalle angenommene Gefährdung der Staatssicherheit wirklich bestand, unterliegt, sofern überhaupt der den Anlaß zum polizeilichen Einschreiten bildende Tatbestand als zum Aufgabenbereich der Geh. Staatspolizei gehörig gewertet werden kann, nicht der verwaltungsgerichtlichen Nachprüfung. Denn mit der Entscheidung dieser Frage würde bereits in eine sachliche Untersuchung der Rechtmäßigkeit der polizeilichen Verfügung eingetreten werden. Liegen einer polizeilichen Anordnung ernsthafte Erwägungen staatspolizeilicher Natur zugrunde und haben diese in der Verfügung oder sonst erkennbar Ausdruck gefunden, so ist die richterliche Nachprüfung ausgeschlossen. Andererseits kann allerdings die bloße Erklärung einer von einer ordentlichen Polizeibehörde ausgehenden Verfügung zu einer staatspolizeilichen durch die Polizei selbst nicht ausreichen, die Verfügung der Anfechtung zu entziehen. Die Verfügung muß nach Anlaß und Ziel sich selbst als zum Schutze der Staatssicherheit bestimmt kennzeichnen. Die Grenzziehung, die das Gesetz vom 10. Februar 1936 vorgenommen hat, ist, soweit die ordentlichen Polizeibehörden in Betracht kommen, sachlicher, nicht formeller Art. Erhält das angerufene VerwGer. die Überzeugung, daß sich die angefochtene polizeiliche Verfügung einer ordentlichen Polizeibehörde außerhalb des Zuständigkeitsbereichs der Geh. Staatspolizei bewegt oder sich nur äußerlich, aber nicht inhaltlich mit dessen Aufgaben in Verbindung bringt, so steht die Vorschrift des § 7 des genannten Gesetzes der Anfechtung im Verwaltungsstreitverfahren nicht im Wege.

Die im Streit befindliche polizeiliche Verfügung ist hervorgerufen worden aus der Besorgnis, die vom Kläger in der Öffentlichkeit eingenommene Haltung gegen den Reichsbischof und die Reichskirchenregierung werde die Spannungen zwischen den verschiedenen evangelischen Richtungen in N. angehörenden Volksschichten in einer der Staatsautorität abträglichen Weise verschärfen. Die streitige polizeiliche Verfügung gehörte demzufolge ihrem Wesen nach augenscheinlich zum Aufgabengebiet der Geh. Staatspolizei, woraus sich ihre Unanfechtbarkeit gemäß § 7 des Gesetzes vom 10. Februar 1936 ergibt.

Die Revision gegen das klageabweisende Urteil mußte daher zurückgewiesen werden.

7. Urteil des Preußischen Oberverwaltungsgerichts

vom 30. Juli 1936, III C 62/36,
Reichsverwaltungsblatt Bd. 57 (1936) S. 940 f.

Nach § 2 Ziff. 1 der Polizeiverordnung des Preuß. Ministerpräsidenten gegen die konfessionellen Jugendverbände vom 23. Juli 1935 (GS. S. 105) ist verboten: „Das Tragen von Uniformen (Bundestracht, Kluft usw.), uniformähnlicher Kleidung und Uniformstücken, die auf die Zugehörigkeit zu einem konfessionellen Jugendverbande schließen lassen. Hierunter fällt auch das Tragen von Uniform oder zur Uniform gehöriger Teilstücke unter Verdeckung durch Zivilkleidungsstücke (z. B. Mäntel) sowie jede sonstige einheitliche Kleidung, die als Ersatz für die bisherige Uniform anzusehen ist."

Auf Grund dieser Bestimmung setzte der Amtsbürgermeister als Ortspolizeibehörde in W. durch Verfügung vom 5. September 1935 gegen den Kläger ein Zwangsgeld von 10 RM. fest, weil er am 20. August 1935 als Angehöriger einer katholischen Jugendorganisation eine schwarze Kletterweste und eine schwarze Hose getragen habe und dies Kleidungsstücke seien, die auf die Zugehörigkeit zu einem konfessionellen Verband schließen ließen.

Die vom Kläger nach Zurückweisung seiner Beschwerde erhobene Klage wurde vom Bezirksverwaltungsgericht in K. abgewiesen, weil die Zwangsgeldfestsetzung von der Ortspolizeibehörde als

Hilfsorgan der Geheimen Staatspolizei vorgenommen worden und daher mit den Rechtsmitteln des Polizeiverwaltungsgesetzes nicht anfechtbar sei.

Gegen den Bescheid wurde vom Kläger Revision eingelegt und mit ihr geltend gemacht, daß die Zwangsgeldfestsetzung durch die Ortspolizeibehörde erfolgt und in keiner Weise erkennbar gemacht worden sei, daß sie dabei in ihrer Eigenschaft als Hilfsorgan der Geheimen Staatspolizei gehandelt habe.

Die Revision konnte keinen Erfolg haben.

In der ausführlich begründeten Entscheidung des Senats vom 19. März 1936 (veröffentlicht im RVerwBl. Bd. 57 S. 339)[1]) ist bereits ausgesprochen worden, daß von den ordentlichen Polizeibehörden erlassene Verfügungen staatspolizeilichen Inhalts auf Grund der ausdrücklichen Vorschrift des § 7 des Gesetzes vom 10. Februar 1936 (GS. S. 21) der verwaltungsgerichtlichen Nachprüfung nicht unterliegen und daß diese Vorschrift wegen ihrer verfahrensrechtlichen Natur auch auf schwebende Verfahren Anwendung zu finden habe, so daß zur Anfechtung derartiger polizeilicher Verfügungen im Verwaltungsstreitverfahren angebrachte und noch anhängige Klagen wegen Unzulässigkeit abgewiesen werden müssen.

Die Darlegungen in der besagten Entscheidung vom 19. März 1936 haben dadurch keine Änderung erfahren und sind dadurch in keiner Weise betroffen worden, daß der ihnen zugrunde gelegte ursprüngliche Gesetzestext „Verfügungen und Angelegenheiten der Geheimen Staatspolizei" später in „Verfügungen in Angelegenheiten der Geheimen Staatspolizei" berichtigt worden ist (GS. 1936 S. 28). Sie haben auch angesichts des neuen Wortlauts ihre Gültigkeit in vollem Umfange behalten. Danach sind Verfügungen innerhalb des sachlichen Zuständigkeitsgebiets der Geheimen Staatspolizei, ganz gleich, ob sie von dieser selbst, einer ihrer Dienststellen oder von einer ordentlichen Polizeibehörde erlassen worden sind, mit den im Polizeiverwaltungsgesetz eingeräumten förmlichen Rechtsmitteln nicht anfechtbar. Entscheidend ist der sachliche Inhalt der Verfügung und nicht mehr, wie nach dem früheren Rechtszustande auf Grund des Gesetzes vom 30. November 1933, die Zugehörigkeit der Erlaßbehörde zur eigenen Organisation der Geheimen Staatspolizei (vgl. Entsch. vom 30. Mai 1935, OVG. Bd. 96 S. 77 ff.). Das ist, wie gegenüber Ausführungen in dem Aufsatz „In der Regel ohne Angabe von Gründen" (RVerwBl. Bd. 57 S. 546 Anm. 4) bemerkt sei, ein sehr wesentlicher Unterschied. Es kommt deswegen auch gar nicht darauf an, ob die Verfügung im Auftrage, auf Anweisung oder auf Veranlassung der Geheimen Staatspolizei oder einer ihrer Dienststellen erlassen und dies dem Betroffenen kenntlich gemacht worden ist, wie die Revision meint. Ausschlaggebend ist, ob die Verfügung nach ihrem

---

[1]) Abgedruckt S. 81.

sachlichen Inhalt zum Aufgabengebiet der Geheimen Staatspolizei gehörig ist. Denn dann handelt es sich um eine Verfügung in Angelegenheiten der Geheimen Staatspolizei und ist für die Frage ihrer Anfechtbarkeit im Rechtsmittelwege des PolVerwG. ohne Belang, ob sie von einer ordentlichen Polizeibehörde oder einer Dienststelle der Geheimen Staatspolizei erlassen oder von dieser ausgegangen ist. Ihre Anfechtbarkeit vor den Verwaltungsgerichten ist gesetzlich ausgeschlossen. Aus diesem Grunde ist in diesem Zusammenhange auch unerheblich, ob, wie der Verfasser des genannten Aufsatzes glaubt, den im § 4 des Gesetzes vom 10. Februar 1936 gebrauchten Worten „wahrnehmen", „obliegen" und „durchführen" eine verschiedene Bedeutung zukommt.

Zu den Verfügungen in Angelegenheiten der Geheimen Staatspolizei gehören auch von den Polizeibehörden unmittelbar auf Grund einer Polizeiverordnung vorgenommene Zwangsgeldfestsetzungen, wenn die Polizeiverordnung gegenständlich dem Aufgabenkreis der Geheimen Staatspolizei zuzurechnen ist. Zwangsgeldfestsetzungen sind zwar keine eigentlichen polizeilichen Verfügungen im Sinne des § 40 des PolVerwG.; aber sie sind zweifellos auch Verfügungen, und von dem Ausschluß der verwaltungsgerichtlichen Anfechtbarkeit nach § 7 des Gesetzes vom 10. Februar 1936 sind alle Verfügungen in Angelegenheiten der Geheimen Staatspolizei ohne Einschränkung ergriffen. Es wäre außerdem ein sicherlich nicht gewollter Rechtszustand, wenn eine auf eine Polizeiverordnung gestützte sogenannte unselbständige polizeiliche Verfügung der Anfechtung entzogen, die ohne vorherige Androhung in Ausführung der Polizeiverordnung erfolgte Zwangsgeldfestsetzung aber anfechtbar wäre. Auch der Umstand, daß infolge der Bestimmung des § 1 Abs. 2 des genannten Gesetzes gegen polizeiliche Strafverfügungen, die wegen der Übertretung einer mit krimineller Strafandrohung versehenen Polizeiverordnung erlassen werden, die ordentlichen Gerichte angerufen werden können, vermag nichts daran zu ändern, daß Zwangsgeldfestsetzungen, die sich auf eine Polizeiverordnung staatspolizeilichen Inhalts gründen, als Verfügungen in einer Angelegenheit der Geheimen Staatspolizei nach dem klaren und eindeutigen Gesetzeswortlaut der Nachprüfung durch die Verwaltungsgerichte nicht unterliegen.

Sonach war nur noch zu prüfen, ob die PolVO. gegen die konfessionellen Jugendverbände vom 23. Juli 1935, auf die sich die streitige, vom Amtsbürgermeister in W. erlassene Zwangsgeldfestsetzung stützt, eine Angelegenheit der Geheimen Staatspolizei behandelt. Die PolVO. ist vom Preuß. Ministerpräsidenten, dem Chef der Geheimen Staatspolizei, erlassen und hat als materiellrechtliche Grundlage nach ihrem Eingang die VO. zum Schutz von Volk und Staat vom 28. Februar 1933. Sie ist bestimmt zur Abwehr politischer Gefahren, die aus dem Auftreten konfessioneller Jugendverbände als solcher in der Öffentlichkeit zu befürchten sind.

Damit ist der Gegenstand der PolVO. als dem Aufgabenkreis der Geheimen Staatspolizei angehörend genügend gekennzeichnet.

Die gegen die Zwangsgeldfestsetzung angebrachte Klage ist daher unzulässig und das angefochtene Urteil erwies sich, wenn auch aus anderen Gründen, als zutreffend.

Die Revision war daher zurückzuweisen.

8. Urteil des Bayerischen Obersten Landesgerichts vom 30. April 1934, RevReg. II Nr. 58/34, Jur. Wochenschrift 1934 S. 2167.

Der Angeklagte war wegen eines Vergehens gegen die Waffenablieferungspflicht (§ 4 VO. des RPräs. zum Schutze von Volk und Staat vom 28. Februar 1933 [RGBl. I, 83]) zur Gefängnisstrafe von zwei Monaten verurteilt und die Strafe durch die vom Angeklagten wegen der Nichtablieferung der Waffen und wegen seiner kommunistischen Gesinnung erlittene fünfmonatige Schutzhaft für verbüßt erklärt worden.

Nach § 60 StGB. in der Fassung des Artikels 3 Nr. 6 Gewohnheits-Verbrechergesetz vom 24. November 1933 (RGBl. I, 995) kann eine erlittene Untersuchungshaft oder einstweilige Unterbringung auf die erkannte Strafe ganz oder teilweise angerechnet werden.

Die Schutzhaft, die über den Angeklagten auf Grund des § 1 VO. zum Schutze von Volk und Staat vom 28. Februar 1933 (RGBl. I, 83) in Verbindung mit Abs. II Bayr. Bek. zum Schutze von Volk und Staat vom 4. März 1933 (RGBl. 85) verhängt worden ist, kann nicht, wie das LG. annimmt, als einstweilige Unterbringung im Sinne des § 60 StGB. angesehen werden. Denn eine einstweilige Unterbringung im Sinne dieser Vorschrift liegt nur vor, wenn das Gericht nach § 126a StPO. in der Fassung des Art. 2 Nr. 6 AusfG. zum Gewohnheitsverbrechergesetz vom 24. November 1933 (RGBl. I, 1000) die einstweilige Unterbringung eines Beschuldigten angeordnet hat, der eine mit Strafe bedrohte Handlung im Zustand der Zurechnungsfähigkeit oder der verminderten Zurechnungsfähigkeit begangen hat. Ein solcher gerichtlicher Unterbringungsbefehl ist gegen den Angeklagten nicht erlassen worden.

Die gegen den Angeklagten verhängte Schutzhaft kann aber auch nicht als Untersuchungshaft im Sinne des § 60 StGB. angesehen oder dieser gleichgestellt werden. Wenn auch der Begriff der Untersuchungshaft in § 60 StGB. sich nicht mit dem Begriff der Untersuchungshaft in §§ 112 ff. StPO. deckt, so ist sie doch wie diese eine Freiheitsentziehung zur Sicherung der Strafverfolgung (Ebermayer-Lobe, StGB., 5. Aufl., Anm. 5 zu § 60; Olshausen, StGB., Anm. 1 zu § 60; RGSt. 38, 182). Die Schutzhaft dagegen ist eine im Verwaltungswege verfügte Freiheitsentziehung, die entweder zum eigenen Schutz des Verhafteten gegen die Gefährdung seiner Person oder zum Schutze des Staates gegen staatsgefährliche Betätigung des Verhafteten verhängt wird (Hachenburg: DJZ. 1933 Sp. 545). Sie ist lediglich eine vorbeugende polizeiliche Maßnahme und hat mit dem Strafverfahren nichts zu tun (Spohr, Deutsche Justiz 1934, 58). Sie ist nach ihrem Wesen und Zwecke nicht als Untersuchungshaft im Sinne des § 60 StGB. anzusehen und kann daher auf die erkannte Strafe nicht angerechnet werden (Ebermayer-Lobe a. a. O., Anm. 5 zu § 60; Staudinger-Schmitt, StGB., 18. Aufl., Anm. zu § 60; Weigelt: DJZ. 1933 Sp. 620). Dasselbe galt auch von der nach der BayVO. vom 18. Februar 1924 (StAnz. Nr. 42) angeordnete Schutzhaft (Beschl. des BayObLG. vom 22. August 1924, BeschwReg. II Nr. 640/24) und gilt von der nach § 22 VO. zum Schutze des deutschen Volkes vom 4. Februar 1933 (RGBl. I, 35) angeordneten polizeilichen Haft (Häntzschel, Die politischen NotVO., 4. Aufl., Anm. 9 zu § 22; Hoche, VO. zum Schutze des deutschen Volkes vom 4. Februar 1933, S. 64).

Eine Anrechnung wäre nur möglich, wenn sie — wie in § 12 des Gesetzes über die Verhaftung und Aufenthaltsbeschränkung auf Grund des Kriegszustands und Belagerungszustands vom 4. Dezember 1916 (RGBl. 1329) — durch eine ausdrückliche gesetzliche Vorschrift zugelassen wäre.

Das Landgericht hat sohin den § 60 StGB. unrichtig angewendet. Da die Anrechnung der Untersuchungshaft ein Strafzumessungsgrund ist (vgl. RGSt. 59, 231) und da möglicherweise die StrK. bei Kenntnis der Unzulässigkeit der Anrechnung der Schutzhaft auf eine geringere Strafe als die ausgesprochene erkannt hätte, war der ganze Strafausspruch nebst den ihm zugrunde liegenden Feststellungen sowie die Kostenentsch. aufzuheben und die Sache insoweit zur anderweitigen Verhandlung und Entsch. an die Str.K. zurückzuverweisen.

9. Urteil des Oberlandesgerichts Kassel

vom 7. Oktober 1934, O.J. 125/33,
Deutsche Justiz 1934 S. 1647.

Die Staatsanwaltschaft als Strafvollstreckungsbehörde hat dem Verurteilten die Untersuchungshaft nur von der Einlieferung ins Gerichtsgefängnis an auf die Strafe angerechnet, die Anrechnung der weiteren Polizeihaft jedoch mit der Begründung abgelehnt, daß es sich um Schutzhaft gehandelt habe, die nicht angerechnet werden könne. Der Verurteilte hat beantragt, ihm auch die Polizeihaft von der Festnahme ab anzurechnen. Diesem Antrage war stattzugeben.

Untersuchungshaft im Sinne des § 60 StGB., die auf die Strafe angerechnet werden kann und in diesem Falle angerechnet worden ist, ist nicht nur die gerichtliche Untersuchungshaft nach §§ 112 ff. StPO., sondern jede Freiheitsentziehung durch eine Amtsperson zur Sicherung der Strafverfolgung. Unter § 60 StGB. fällt also auch eine gemäß § 127 StPO. verhängte Polizeihaft, nicht dagegen eine polizeiliche Verwahrung aus rein polizeilichem Interesse, z. B. lediglich im Interesse der allgemeinen Staatssicherheit, wie es vielfach bei der Schutzhaft der Fall sein wird. Grundsätzlich ausgeschlossen ist dagegen die Anrechnung der polizeilichen Schutzhaft als Untersuchungshaft nicht; ob sie anzurechnen ist oder nicht, hängt vielmehr davon ab, welchem Zwecke sie im Einzelfalle dient. Gegenwärtig wird als Schutzhaft vielfach auch eine Haft bezeichnet, die auf einer Festnahme nach § 127 StPO. beruht. Ob die Polizei den Festgenommenen unverzüglich dem Amtsrichter nach § 128 StPO. vorführt, ist nicht entscheidend, entscheidend ist vielmehr allein, ob die Festnahme und die Haft der Vorbereitung und Sicherung der Durchführung eines bestimmten Strafverfahrens dient oder nicht. Die Bezeichnung der Haft durch die Polizei ist nicht maßgebend. Die allgemeine Schutzhaft wird regelmäßig auf Grund der Verordnung des Reichspräbenten zum Schutz von Volk und Staat vom 28. Februar 1933 (RGBl. 1933, Teil I, S. 83) verhängt, während für das hier in Betracht kommende Gebiet, nämlich für Hochverratsverfahren, die Verordnung des Reichspräsidenten zum Schutz des Deutschen Volkes vom 4. Februar 1933 (RGBl. 1933, Teil I, S. 35) in § 2 besondere Vorschriften enthält. Danach kann jemand, der der Vorbereitung eines hochverräterischen Unternehmens dringend verdächtig ist, auch ohne die Voraussetzungen des § 127 StPO. im Interesse der öffentlichen Sicherheit in polizeiliche Haft genommen werden. Es muß sich aber um eine bestimmte Straftat handeln, zu deren Untersuchung die Polizeihaft dient. § 22 Abs. 4 a. a. O. ergibt dies mit Deutlichkeit, der Unterschied dieser Schutzhaft gegenüber der Polizeihaft nach § 27 StPO. ist nur, daß kein Fluchtverdacht und keine Verdunkelungsgefahr vorzuliegen braucht; zur Verhängung genügt, daß die öffentliche Sicherheit sie erfordert. Ob dies der Fall ist, hat nicht das Gericht, sondern die Polizei zu entscheiden. Dieser Unterschied vermag es aber nicht zu rechtfertigen, daß eine solche Polizeihaft nicht als Untersuchungshaft angerechnet wird. Sollten im übrigen im Einzelfalle Zweifel bestehen, ob eine Polizeihaft als Untersuchungshaft anzurechnen ist oder nicht, so ist nach allgemeinen Grundsätzen zugunsten des Verurteilten zu entscheiden.

10. Urteil des Volksgerichtshofes
vom 17. Oktober 1934, 13 I 98/33,
Deutsche Justiz 1935 S. 300.

Gemäß § 60 StGB. ist den verurteilten Angeklagten Untersuchungshaft, wie geschehen, angerechnet worden. Hierbei ist, soweit dies erforderlich war, auch die Schutzhaft berücksichtigt worden.

Der Ausdruck „Untersuchungshaft" ist in § 60 StGB. nicht im technischen Sinne der Strafprozeßordnung (§§ 112 ff. StPO.) gebraucht, da diese bei Erlaß des Strafgesetzbuches noch nicht in Geltung war. Unter Untersuchungshaft im Sinne des § 60 StGB. ist vielmehr jede Freiheitsentziehung zu verstehen, die von einer zuständigen Behörde zwecks Sicherung der Strafverfolgung angeordnet worden ist (RGSt. 38, 182; Leipziger Kommentar, 5. Aufl., Anm. 5 zu § 60 StGB.; Olshausen, 11. Aufl., Anm. 1 zu § 60 StGB.).

Im vorliegenden Fall ist die Schutzhaft gegen die in Betracht kommenden Angeklagten wegen der ihnen zur Last gelegten Straftaten verhängt worden. Der Senat hat daher kein Bedenken getragen, auch die Schutzhaft bei der Anrechnung der Untersuchungshaft zu berücksichtigen.

11. Urteil des Reichsgerichts

vom 30. September 1935, 3 D 527/35,

RGSt. Bd. 69 S. 327, Deutsche Justiz 1935, S. 1635.

Das angefochtene Urteil ist insofern zu beanstanden, als es im Urteilssatz „die Schutzhaft" auf die Gefängnisstrafe anrechnet, während es in den Gründen von der Anrechnung „der Untersuchungshaft" spricht. Der Beschwerdeführer scheint in dieser Sache sowohl in Schutzhaft als auch in Untersuchungshaft gewesen zu sein. Danach steht nicht fest, welche Haft und in welchem Umfange Haft angerechnet worden ist. Das Urteil war daher in diesem Einzelpunkte aufzuheben, und die Sache war insoweit zu neuer Entscheidung gemäß § 60 StGB. zurückzuverweisen. Dabei wird das LG. zunächst klarstellen müssen, ob es sich bei der sog. Schutzhaft um die Polizeihaft eines gemäß §§ 127, 128 StPO. vorläufig Festgenommenen handelt oder um eigentliche Schutzhaft auf Grund des § 1 der VO. vom 28. Februar 1933 (RGBl. I S. 83). Im ersten Falle wäre die Anrechnung auf die Freiheitsstrafe ohne weiteres zulässig, im letzten Falle dann, wenn die Haft zur Sicherung der Strafverfolgung oder zur Untersuchung der Straftat angeordnet gewesen sein sollte. Denn § 60 StGB. versteht unter Untersuchungshaft nicht nur die Haft der §§ 112 ff. StPO., sondern jede behördliche Freiheitsentziehung, die der Strafverfolgung dient (RGSt. Bd. 38 S. 182). Das kann (nicht muß) aber auch bei der Schutzhaft der Fall sein.

12. Urteil des Reichsgerichts

vom 28. Februar 1936, 1 D 573/35,

Jur. Wochenschrift 1936 S. 1604.

Das Gericht muß prüfen, ob die aus Anlaß der den Gegenstand des Verfahrens bildenden Straftaten verhängte Schutzhaft gemäß § 60 StGB. auf die erkannte Strafe anzurechnen ist. Daß dies zulässig ist, hat bereits der 3. StrSen. im Urt. vom 30. September 1935: JW. 1935, 3380/10 = RGSt. 69, 327 ausgesprochen, ihm hat sich der 5. StrSen. im Urt. vom 28. Oktober 1935, 5 D 640/35: JW. 1936, 338 angeschlossen. In einem Erlaß an die Generalstaatsanwälte vom 17. Juni 1935 hat ferner der RJM. die grundsätzliche Stellungnahme des Führers zur Frage der Anrechnung der Schutzhaft auf die Strafzeit bekanntgegeben; danach soll sie in der Regel vorbehaltlich besonderer Ausnahmen angerechnet werden.

13. Urteil des Landesarbeitsgerichts München vom 14. Juli 1933.

BerReg. Nr. 65/33, Kartenauskunftei des Arbeitsrechts, Karte „Schutzhaft; Einzelfragen 1".

Die ... Berufung des Klägers gegen das Urteil des Arbeitsgerichts in München vom 8. Mai 1933 ist sachlich nicht begründet.

Das Berufungsgericht unterstellt als richtig, daß der Kläger seit drei Jahren nicht mehr Mitglied der Kommunistischen Partei ist. Damit steht aber noch nicht fest, daß die beklagte Gesellschaft vom Austritt des Klägers aus der Kommunistischen Partei etwas wußte, noch auch, daß der Kläger sich nach seinem Austritt nicht mehr kommunistisch betätigt hat. Dagegen stand für die Beklagte als Arbeitgeberin fest, daß der Kläger wegen Verdachts kommunistischer Betätigung in Schutzhaft genommen worden war und daß er dadurch unfähig geworden war, seine Bergmannarbeit als Ersatzsignalgeber zu leisten. Die Dauer dieser Arbeitsbehinderung war nicht zu übersehen; die beklagte Partei hätte über diese Dauer durch Einziehung von Erkundigungen voraussichtlich nichts Bestimmtes erfahren können, jedenfalls nicht im Anfang der Schutzhaft. Für die beklagte Partei handelte es sich also darum, den Posten des auf unbestimmte Zeit an der Fortsetzung der Arbeit verhinderten Klägers wieder besetzen zu müssen; diese Notwendigkeit war aber durch den Bergbetrieb gegeben; die Entlassung des Klägers war also durch die Verhältnisse des Betriebes bedingt; sie stellt deshalb keine unbillige Härte im Sinne des § 84 Abs. 1 Ziff. 4 BRG. dar.

Die Kündigung ohne Einhaltung einer Kündigungsfrist war aber auch nach Art. 108 Ziff. 8 Allg. Berggesetz zulässig. Wie bereits ausgeführt, stand für die Beklagte fest, daß der Kläger für eine voraussichtlich längere, zunächst nicht übersehbare Zeit an der Fortsetzung der Arbeit verhindert sein werde, daß der Kläger also arbeitsunfähig im Sinne des Art. 108 Ziff. 8 Allg. Berggesetz war. Darauf, ob der Kläger durch eigenes Verschulden oder durch zulässige oder unzulässige Einwirkung dritter Personen oder Behörden arbeitsunfähig geworden ist, kommt es für die hier zu prüfende Frage nicht an; auch ein unverschuldeter, vom menschlichen Standpunkt zu bedauernder Unfall oder Zufall macht den Arbeitnehmer arbeitsunfähig und gibt daher dem Arbeitgeber das Recht, das Arbeitsverhältnis fristlos zur Auflösung zu bringen. Es kann weder grundsätzlich noch im vorliegenden Falle als unsittlich angesehen werden, wenn ein Arbeitgeber einen Arbeiter entläßt, der voraussichtlich für längere, jedenfalls für unbestimmte Zeit seine Arbeit nicht verrichten kann und an seiner Stelle einen anderen Arbeitnehmer einstellt. Jedenfalls gibt das Gesetz dem Arbeitgeber diese Möglichkeit, und die Arbeitsgerichtsbehörden haben trotz ihrer Verpflichtung zur weitgehendsten Berücksichtigung der sozialen Belange der Arbeitsvertragsparteien kein Recht, dieses gesetzmäßige Recht des Arbeitgebers zu beschneiden. Das Berufungsgericht ist auch nicht in der Lage zu prüfen, ob die beklagte Bergwerksgesellschaft jetzt den Kläger wieder einstellen könnte; dies muß vielmehr der Entschließung der beklagten Partei allein überlassen werden, da diese allein übersehen kann, ob ihre Verhältnisse eine Wiedereinstellung zulassen und ob der Kläger nach seinen persönlichen Verhältnissen, insbesondere mit Rücksicht auf seine frühere Zugehörigkeit zur Kommunistischen Partei, zur Wiedereinstellung geeignet ist.

Die fristlose Entlassung des Klägers ist sonach nicht zu beanstanden, die Abweisung der Klage also begründet. Die Berufung war daher als unbegründet zurückzuweisen.

Gegen dieses Urteil ist ein Rechtsmittel nicht zulässig.

14. Urteil des Bad. Arbeitsgerichts Pforzheim

vom 22. Dezember 1933.

AH. 327/33, Arbeitsrecht und Volkstum 1933 Sp. 203 ff.

Der Kläger hat, wie von beiden Parteien nicht bestritten wird, am 10. November 1933 anläßlich der Übertragung der Ansprache des Reichskanzlers aus den Siemenswerken bei Anstimmung des Horst-Wessel-Liedes den Arm nicht erhoben und dadurch bei der übrigen Belegschaft eine derartige Erregung hervorgerufen, daß es in der Garderobe beinahe zu Tätlichkeiten gekommen wäre. Er wurde deshalb von der Polizeidirektion in Schutzhaft genommen und gegen ihn am 17. November 1933 eine Haftstrafe von 14 Tagen wegen groben Unfugs gemäß § 360 Abs. 1 Ziff. 11 RStrGB. ausgesprochen, die er sofort verbüßt hat.

Das Arbeitsverhältnis des Klägers als Packer und Hausdiener in einem Warenhaus ist nach den Bestimmungen der Gewerbeordnung zu beurteilen. Die Voraussetzungen der fristlosen Entlassung sind in § 123 der GO. festgesetzt. Nach § 123 Abs. 1 Ziff. 8 der GO. ist die fristlose Entlassung eines Arbeiters vor Ablauf der vertragsmäßigen Zeit möglich, wenn er zur Fortsetzung der Arbeit unfähig wird. Der Kläger ist an der Erfüllung seiner Pflichten aus dem Arbeitsvertrag verhindert worden durch seine Inschutzhaftnahme seitens der Polizeidirektion Pforzheim. Die gesetzliche

Grundlage der Schutzhaft beruht auf der Verordnung des Reichspräsidenten zum Schutz von Volk und Staat vom 28. Februar 1933 (RGBl. I S. 83) und ihren Durchführungsbestimmungen. Die Schutzhaft ist ihrem rechtlichen Charakter nach als eine der Untersuchungshaft ähnliche Freiheitsentziehung anzusehen. Für die Untersuchungshaft hat das Reichsarbeitsgericht in seinem Urteil vom 14. November 1931 anerkannt, daß sie dann als Grund zur fristlosen Entlassung nach § 123 Abs. 1 Ziff. 8 GO. zu betrachten ist, wenn sie länger dauert und ihr Ende nicht abzusehen ist. — Vgl. Urteil des RAG. vom 14. November 1931, Aktenzeichen RAG. 237/1931, veröffentlicht in der Kartenauskunftei des Arbeitsrechts, Karte: Schwerbeschädigte, fristlose Entlassung, Einzelfälle 5 vom 5. Mai Nr. 433.

In der Rechtsprechung ist anerkannt, daß ein Grund zur fristlosen Entlassung gemäß § 123 Abs. 1 Ziff. 8 GO. auch dann vorliegt, wenn die Arbeitsunfähigkeit nicht von dem Arbeitnehmer verschuldet ist. Die Frage, ob der Kläger sich in kommunistischem Sinne betätigt hat und ob er durch das Nichterheben des Armes Opposition gegen den nationalen Staat hat treiben wollen, muß daher in diesem Zusammenhang aus der Betrachtung des Gerichts ausscheiden. Die Tatsache, daß er durch Verhängung der Schutzhaft an der Erfüllung seiner Arbeitspflichten verhindert wurde, ist allein entscheidend. Im Augenblick der Verhaftung des Klägers war jedenfalls noch nicht zu übersehen, wie lange die Schutzhaft dauern werde. Bei der Eigenart der Schutzhaft, die sowohl dem persönlichen Schutz des Betreffenden, wie der unbeeinflußten Durchführung von Erhebungen und einer erzieherischen Beeinflussung im Sinne des nationalen Staates dienen kann, wird man im allgemeinen auch von vornherein nur selten beurteilen können, wie lange die Schutzhaft dauern werde. Jedenfalls kann der Beklagten nicht zugemutet werden, daß sie im Augenblick der Inhaftnahme des Klägers wissen konnte, wie lange seine Arbeitsbehinderung dauern werde. Sie hatte aber ein betriebswirtschaftliches Interesse daran, seine Stelle als Packer und Hausdiener sofort wieder zu besetzen, da die Kundschaft eines Warenhauses gewohnt ist, die bestellten Waren alsbald zugeführt zu erhalten. — Vgl. hierzu das Urteil des Arbeitsgerichts Leipzig vom 22. April 1933, Aktenzeichen e Arb. 164/33, veröffentlicht in der Sammlung arbeitsrechtlicher Entscheidungen, herausgegeben vom Reichsstand der deutschen Industrie, sozialpolitische Abteilung, Heft 19 vom 15. Oktober 1933 S. 456. Ferner das Urteil des Landesarbeitsgerichts München vom 14. Juli 1933, Aktenzeichen BerReg. 65/33, veröffentlicht in der Sammlung arbeitsrechtlicher Entscheidungen, herausgegeben vom Reichsstand der deutschen Industrie, sozialpolitische Abteilung, Heft 17 vom 15. September 1933 S. 403 ff. sowie in der Kartenauskunftei des Arbeitsrechts, Karte: Schutzhaft, Einzelfragen 1 vom 20. November 1933 Nr. 457. Ferner in der Kartenauskunftei des Arbeitsrechts, Karte: Schutzhaft 1 vom 18. September 1933 Nr. 450 die Ausführungen von Dr. Werner Spohr, insbesondere unter I Ziff. 2.

Hiernach muß der Beklagten das Recht zur fristlosen Entlassung des Klägers auf Grund des § 123 Abs. 1 Ziff. 8 der GO. zuerkannt werden.

Der Kläger hat sich auch darauf berufen, daß er als Schwerbeschädigter im Sinne des Schwerbeschädigtengesetzes der Beklagten zugewiesen sei und deshalb den besonderen Schutz des § 13 dieses Gesetzes für sich in Anspruch nehmen könne. Dem ist aber entgegen zu halten, daß die Schutzbestimmungen nur für den Fall der ordnungsmäßigen Kündigung gelten, daß aber für fristlose Entlassungen nach § 13 Abs. 2 Satz 1 des Schwerbeschädigtengesetzes lediglich die gesetzlichen Bestimmungen maßgebend sind. Es ist bereits unter II. ausgeführt, daß durch die Inschutzhaftnahme des Klägers ein gesetzlicher Grund für die fristlose Entlassung im Sinne des § 123 Abs. 1 Ziff. 8 der GO. eingetreten ist, dadurch wird die Einwendung des § 13 Abs. 1 des Schwerbeschädigtengesetzes zugunsten des Klägers ausgeschlossen.

Aber selbst wenn das Vorliegen eines derartigen Grundes verneint werden sollte, könnte der Beklagten das Recht zur fristlosen Entlassung aus § 124a der GO. nicht versagt werden. Denn in der Rechtsprechung ist allgemein gerade im Hinblick auf die Kündigungsregel des § 13 Abs. 1 Satz 3 des Schwerbeschädigtengesetzes, welche eine Kündigungsfrist von mindestens 4 Wochen vorsieht, die zudem erst vom Tage der Absendung des Genehmigungsantrags an die Hauptfürsorgestelle läuft, anerkannt, daß § 124a der GO. auf Schwerbeschädigte Anwendung findet. — Vgl. hierzu das Urteil des Reichsarbeitsgerichts vom 10. September 1932, Aktenzeichen RAG. 202/1932, veröffentlicht in der Amtlichen Sammlung Bd. 11 S. 326 und in der Kartenauskunftei des Arbeitsrechts, Karte: Schwerbeschädigte; fristlose Entlassung, Einzelfälle 6 vom 29. März 1933 Nr. 427. — Ferner Urteil des AG. Berlin vom 3. Mai 1933, Aktenzeichen 28/31 A C 191/33.

Im Gegensatz zu §§ 123 und 124 der GO., welche festumrissene Tatbestände zur Voraussetzung der fristlosen Lösung eines Arbeitsverhältnisses machen, sind in § 124a für länger dauernde Arbeitsverhältnisse ganz allgemein alle wichtigen Gründe für die fristlose Entlassung zugelassen, wie dies auch in § 626 BGB., in § 70 HGB. und in § 16 der vorläufigen Landarbeitsordnung der Fall ist.

Das Verhalten des Klägers hatte im Personal der Beklagten Ärgernis und Erbitterung erregt, die beinahe zu Tätlichkeiten in der Garderobe geführt hätten. Es hat offenbar den Eindruck gemacht, als ob der Kläger durch das Nichterheben des Armes beim Anstimmen des Horst-Wessel-Liedes Opposition gegen die nationale Bewegung treiben wolle. Es hätte gerade vom Kläger, der darauf hingewiesen hat, daß er im Jahre 1914 sich als Kriegsfreiwilliger gemeldet und 1917 eine schwere Verwundung durch Granatsplitter davongetragen hat, und der sich auch 1918 für den Grenzschutz Ost zur Verfügung gestellt hat, erwartet werden müssen, daß er aus eigenem Antrieb heraus alles vermeiden würde, was den Eindruck einer antinationalen Gesinnung erwecken könnte. Der Kläger hat dies jedoch nicht getan. Er hat auch durch Annahme der Haftstrafe von 14 Tagen wegen groben Unfugs gemäß § 360 Abs. 1 Ziff. 11 RStrGB., die von der Polizeidirektion Pforzheim am 17. November 1933 gegen ihn ausgesprochen wurde, mittelbar selbst anerkannt, daß sein Verhalten Grund zur Beanstandung gegeben hat.

Hiernach kann der Beklagten im Interesse der Wahrung des Arbeitsfriedens unter ihrem Personal und mit Rücksicht auf die öffentliche Kritik, der ihr Betrieb als Warenhaus ganz besonders ausgesetzt ist, billigerweise nicht zugemutet werden, den Arbeitsvertrag mit dem Kläger länger fortzusetzen. Deshalb mußte der Beklagten das Recht zur fristlosen Lösung des Arbeitsvertrages auch aus § 124a der GO. zuerkannt werden.

Der Kläger hat den Antrag gestellt, die Berufung für zulässig zu erklären. Die Beklagte ist dem nicht entgegengetreten. Das Arbeitsgericht hat in Anerkennung der grundsätzlichen Bedeutung des Rechtsstreits gemäß § 62 Abs. 3 AGG. die Berufung zugelassen.

Die Entscheidung über die Kosten beruht auf §§ 91 ZPO. in Verbindung mit § 12 AGG.

Das Urteil ist gemäß § 64 vorläufig vollstreckbar.

15. Urteil des Landesarbeitsgerichts Nürnberg-Fürth vom 31. Januar 1934, 66/33, Jur. Wochenschrift 1934 S. 640.

Die Firma hat das Arbeitsverhältnis nicht im Wege der fristlosen Kündigung gelöst. Sie hat unbestrittenermaßen fristgemäß gekündigt. Es handelt sich daher nicht darum, ob die fristlose Entlassung begründet sei, ob insbesondere die Bekl. angesichts ihrer kommunistischen Einstellung berechtigt gewesen wäre, aus der gleichen Einstellung eines Angestellten ein Recht zur fristlosen Entlassung abzuleiten. Vielmehr geht der Streit um die Frage, ob trotz Fortdauer des Vertrages der Lohnanspruch entfällt. Der Kl. war in Schutzhaft. Er konnte also die Firma nicht in Annahmeverzug setzen. Damit scheidet die Anwendbarkeit des § 615 BGB. aus. Anzuwenden sind die Vorschriften über Unmöglichkeit der Leistung, denn der Kl. war außerstande, Dienst zu leisten. Nach der Grundregel der §§ 323, 325 BGB. — Lohn nur gegen Arbeit — entfällt der Lohnanspruch, sei es, daß keiner der Vertragsteile die Unmöglichkeit der Dienstleistung zu vertreten hat, sei es, daß sie der Kl. zu vertreten hat. Für die Annahme, daß die Unmöglichkeit von der Bekl. zu vertreten sei (§ 324 BGB.), ist kein Raum. Mag die Firma die kommunistische Einstellung des Kl. geduldet oder gefördert haben, der Grund der Verhaftung des Kl. liegt nicht im Verhalten der Firma, sondern in demjenigen des Kl. Dafür, daß der Kl. etwa das Opfer von Maßnahmen der Firma gewesen wäre und daß die durch Beweisaufnahme festgestellte kommunistische Werbetätigkeit des Kl. nur einer äußeren Zwangslage und nicht seiner eigenen, von ihm selbst zu vertretenden Einstellung entsprungen wäre, ist keinerlei Anhaltspunkt gegeben. Es liegt daher auch kein Anlaß vor, die Vertretungspflicht des Kl. aus § 325 BGB. etwa aus dem Gesichtspunkte des Mitverschuldens der Firma (§ 254 BGB.) zu verneinen, oder aus diesem Gesichtspunkt die Vertretungspflicht der Bekl. i. S. des § 324 BGB. zu bejahen. Bestritt doch die Klagepartei selbst einen Zusammenhang zwischen der Anstellung und der politischen Tätigkeit des Kl. Es war dem Kl. darum zu tun, seiner eigenen inneren Einstellung gemäß für die kommunistische Weltanschauung Boden zu gewinnen, und nicht etwa bloß der Einstellung seiner Firma gerecht zu werden. Dann hat er aber auch für die Folgen einzustehen und kann sie nicht mit dem Hinweis abwälzen, daß die Bekl. das gleiche erstrebt habe. Es ist daher unerheblich, wenn die Einstellung des Kl. und diejenige der Leiter des Unternehmens die gleiche war. Es hat sohin bei der Regel „kein Lohn ohne Arbeit" sein Bewenden, sofern nicht die gesetzlichen Ausnahmefälle des § 616 BGB. und § 63 HGB. zutreffen. § 616 BGB. gewährt den Lohnanspruch dann, wenn die Verhinderung des Dienstpflichtigen nur „eine verhältnismäßig nicht erhebliche Zeit" dauert. Diese Voraussetzung fehlt hier. Aus den obenerwähnten Gründen läßt sich auch nicht sagen, die Verhängung der Schutzhaft sei ein vom Kl. unverschuldetes Unglück i. S. des § 63 HGB. Die Weigerung der Firma, für die Zeit der Verhinderung des Kl. an der Dienstleistung Lohn zu zahlen, ist sohin gesetzlich gerechtfertigt und erscheint auch nicht arglistig.

16. Urteil des Reichsarbeitsgerichts

vom 17. Oktober 1934,

RAG. 40/34; Arbeitsrecht-Kartei Heft 505.

Der Kläger war seit 1. November 1930 bei der verklagten Gesellschaft der Derop, deren Aktienkapital im Eigentum der Sowjet-Union steht, als kaufmännischer Angestellter, zuletzt in München, tätig. Es war einmonatige Kündigungsfrist vereinbart. Am 31. Mai 1933 wurde er von der Bayerischen politischen Polizei wegen Verdachts kommunistischer Betätigung in Schutzhaft genommen, jedoch am 7. Juni daraus wieder entlassen. Durch Erlaß des Preußischen Ministers des Innern vom 24. April 1933 war für die Beklagte ein Staatskommissar eingesetzt und zur alleinigen Verwaltung ihres Betriebes ermächtigt worden. Dieser kündigte dem Kläger aus Anlaß der Verhaftung fristlos durch Schreiben vom 31. Mai 1933, das dem Kläger erst im Juni zuging.

Der Kläger rief gegen die Kündigung auf Grund des Art. II des Gesetzes über Betriebsvertretungen und über wirtschaftliche Vereinigungen vom 4. April 1933 (RGBl. I S. 161) den Gewerbeaufsichtsbeamten für München als die nach Art. I § 2 des Gesetzes in Verbindung mit der Bayerischen AusfVO. des Staatsministeriums für Wirtschaft, Abt. für Arbeit und Fürsorge, (Bayer. Staatsanzeiger Nr. 103) zuständige Stelle an.

Der Gewerbeaufsichtsbeamte erklärte jedoch den Verdacht staatsfeindlicher Einstellung des Klägers für gerechtfertigt.

Der Kläger hat darauf mit der Klage neben einer Reihe anderer Ansprüche aus seinem Dienstverhältnis seine vertraglichen festen Bezüge von monatlich 1100 RM. für die Monate Juni und Juli 1933 gefordert.

Die Beklagte ist dem Klagevorbringen entgegengetreten und hat die fristlose Entlassung nachträglich auch darauf gestützt, daß der Kläger für sie am 24. Mai 1933 einen Barscheck über 841,85 RM. eingezogen, ihr aber das Geld nicht ordnungsmäßig abgeliefert habe.

Das Arbeitsgericht hat ihm den erwähnten Anspruch unter Abzug einer zur Aufrechnung gestellten Gegenforderung der Beklagten von 863 RM., also in Höhe von 1337 RM. durch Teilurteil zugesprochen und hat sodann durch Schlußurteil über die übrigen Klageansprüche und die Kosten entschieden.

Die Beklagte hat gegen beide Urteile Berufung eingelegt und zugleich die Verurteilung des Klägers beantragt, ihr die auf Grund der Urteile gegen sie am 20. Dezember 1933 beigetriebenen 7662,38 RM. nebst 5 v. H. Zinsen seit dem genannten Tage, abzüglich eines nicht mehr im Streit befindlichen Postens von 627,— RM. nebst gewissen Zinsen, zurückzuzahlen.

Das Landesarbeitsgericht Berlin (Kammer 3) hat ebenfalls durch Teilurteil vom 17. Januar 1934 zunächst die Berufung gegen das erste arbeitsgerichtliche Teilurteil zurückgewiesen und demgemäß in Höhe von 1337.— RM. nebst Zinsen auch den im Urteil fälschlich als Widerklage bezeichneten Rückzahlungsantrag abgewiesen. Sodann hat es die Berufung und den Zurückzahlungsantrag durch rechtskräftiges Schlußurteil auch im übrigen zurückgewiesen.

Das Reichsarbeitsgericht hat die Revision der Beklagten zurückgewiesen.

Das Berufungsgericht hält die vom Staatskommissar der Beklagten ausgesprochene Kündigung des Klägers lediglich für eine bürgerlich-rechtliche Rechtshandlung, die demgemäß allein nach den Vorschriften des allgemeinen bürgerlichen Rechts oder des Handelsrechts zu beurteilen sei. Es ist daher der Auffassung, daß die Kündigung das Dienstverhältnis zwischen den Parteien mit sofortiger Wirkung nach den §§ 70 Abs. 1, 72 HGB. nur auf Vorliegen eines wichtigen Grundes hat auflösen können, verneint jedoch das

Vorhandensein solchen Grundes und sieht deshalb das Dienstverhältnis erst mit Ablauf der vertragsmäßigen einmonatlichen Kündigungsfrist als aufgelöst an. Da die Frist nach den Vorschriften des § 67 Abs. 1 und 2 HGB. für die dem Kläger nicht mehr im Mai 1933 zugegangene Kündigung erst mit Ablauf des Juli 1933 endete, hat es die Klageforderung auf die Dienstbezüge des Klägers für die Monate Juni und Juli als begründet anerkannt. Die Revision dagegen erblickt in der Entlassung durch den Staatskommissar einen rechtswirksamen staatlichen Verwaltungsakt, der, solange er bestehe und nicht verwaltungsseitig, etwa auf eine eingelegte Dienstaufsichtsbeschwerde hin, wieder beseitigt worden sei, die Parteien binde und sich der Nachprüfung durch die Gerichte entziehe.

In der Tat wird die Auffassung des Berufungsgerichts der Stellung des Staatskommissars und der Bedeutung seiner Maßnahmen nicht gerecht. Die Einsetzung des Kommissars fällt in die ersten Monate nach der Machtergreifung seitens der Regierung der nationalen Erhebung. In jenen Tagen politischer Hochspannung hat, wie es im Erlaß des preußischen Ministerpräsidenten vom 3. Mai 1933 (St. M. I 5753 — Pr. MBl. i. V. S. 553 —) heißt, die Durchführung der nationalen Revolution die Einsetzung besonderer Kommissare zur Wahrnehmung von Aufgaben des Staates und der Wirtschaft erforderlich gemacht. Am 27. Februar 1933 wurde das Reichstagsgebäude in Berlin von kommunistischer Seite in Brand gesetzt. Schon am nächsten Tage erging „zur Abwehr kommunistischer Gewaltakte" die Verordnung des Reichspräsidenten zum Schutze von Volk und Staat. Zu den Maßnahmen, die in der Folgezeit zur Beseitigung der kommunistischen Gefahr ergriffen wurden, gehört die am 24. April 1933 durch den Preußischen Minister des Innern erfolgte Bestellung eines Staatskommissars für die mit ihren Zweiganstalten über ganz Deutschland ausgebreitete Beklagte, deren gesamtes Aktienkapital sich im Eigentum der Sowjet-Union befindet. Die Beklagte stand im Verdacht, mit deutschen Kommunisten Verbindungen zu unterhalten und neben rein kaufmännischen politische, nämlich kommunistische Ziele zu verfolgen, dadurch die Ruhe und Sicherheit im Lande zu stören und zugleich die in der Bildung befindliche Neuordnung im Deutschen Reiche zu gefährden. Die Abwendung der für den öffentlichen Frieden von seiten der Beklagten drohenden Gefahren bildete offensichtlich die dem Kommissar gestellte Aufgabe. Danach kennzeichnet sich aber nicht nur, wie auch das Berufungsgericht zugibt, die Einsetzung des Kommissars als ein staatlicher Verwaltungsakt. Die vom Kommissar in Erfüllung seiner Aufgabe getroffenen Maßnahmen haben die gleiche rechtliche Bedeutung. Er war vom Minister des Innern ermächtigt worden, den Betrieb der Beklagten allein, d. h. an Stelle des gesetzlichen Vorstandes, zu verwalten, also sämtliche Geschäftsführungsbefugnisse für die Beklagte auszuüben. Das bedeutet nicht, daß er, weil etwa die Geschäftsführung des Vorstandes kaufmännischen Grundsätzen nicht entsprach, die gesamte kaufmännische Leitung der Beklagten übernehmen sollte; er sollte nur berechtigt sein, soweit es ihm zur Erfüllung der ihm aufgetragenen Gefahrenabwendung erforderlich erschiene, rechtswirksam alle Rechtshandlungen vorzunehmen, zu denen der Vorstand nach bürgerlichem oder Handelsrecht befugt ist. In erster Linie ging seine Aufgabe dabei ohne Zweifel dahin, den Betrieb der Beklagten von politisch unzuverlässigen Personen zu säubern. Alle Kündigungen, die er zu diesem Zwecke im Betriebe der Beklagten vornahm, waren deshalb Verwaltungsakte öffentlich-rechtlicher Natur.

Ob der preußische Innenminister schon auf Grund der ihm zustehenden Polizeigewalt befugt gewesen wäre, den Staatskommissar mit diesen weittragenden Befugnissen zu bestellen, kann zweifelhaft sein. Die Bestellung rechtfertigt sich aber, wenn nicht durch die Verordnung des Reichspräsidenten vom 28. Februar 1933 zum Schutz von Staat und Volk (RGBl. I S. 83), so doch jedenfalls unter dem Gesichtspunkt der Staatsnotwendigkeit, eines Staatsnotwehrrechtes, wie es schon früher im Urteil des Reichsgerichts vom 24. Mai 1927 (RGZ. Bd. 117 S. 138) aus anderem Anlaß Gegenstand der Erörterung gewesen ist. In der ersten Hälfte des Jahres 1933 konnte das Gefüge des nationalsozialistischen Staats noch nicht als gesichert betrachtet werden. Mit der Inbrandsetzung des Reichstags war die Kommunistische Partei offen zum Angriff gegen den neuen Staat vorgegangen. Solange die kommunistische Gefahrenquelle nicht im wesentlichen beseitigt war, dauerte der mit dem gegenwärtigen rechtswidrigen Angriff gegen den Bestand des Staates heraufbeschworene Gefahrenzustand fort und nötigte zur Erhaltung und Befestigung der staatlichen Neuordnung zu polizeilichen Maßnahmen über deren bisherige gesetzlichen Schranken hinaus.

Die Anerkennung der Rechtsgültigkeit des in der Kündigung des Klägers gelegenen staatlichen Verwaltungsaktes zeigt sich darnach als notwendig zur Sicherung der öffentlich-rechtlichen Belange des Staates; sie reicht jedoch für eine nach jeder Seite billige und gerechte Entscheidung des Rechtsstreits der Parteien nicht aus. Die Auswirkung des öffentlich-rechtlichen Verwaltungsaktes auf die arbeitsrechtlichen Beziehungen der Parteien bedarf im Hinblick auf den Klageanspruch noch besonderer Erörterung. Für diese bürgerlich-rechtlichen Beziehungen hatte die Kündigung als Verwaltungsakt zunächst die Wirkung, daß die Beschäftigung des Klägers bei der Beklagten damit beendet war. Der Kläger hätte infolgedessen beispielsweise einen Anspruch auf Beschäftigung, wenn er ihm kraft Dienstvertrages — wie dem Dienstpflichtigen in der Regel nicht — zugestanden hätte, gegenüber dem Eingreifen des Staatskommissars nicht mehr geltend machen können, weil dies mit dem Sinn und

Zweck der öffentlich-rechtlichen Maßnahmen im Widerspruch gestanden und ihre öffentlich-rechtliche Bedeutung beeinträchtigt haben würde. Die vermögensrechtliche Auseinandersetzung unter den Parteien des Arbeitsvertrages dagegen hat mit Sinn und Zweck des von dem Staatskommissar vorgenommenen Verwaltungsaktes nichts zu tun. Sie ist daher im Verhältnis dieser Parteien untereinander nach den Grundsätzen des bürgerlichen Rechts nicht anders zu behandeln, als wenn die Beklagte selbst dem Kläger gekündigt hätte, und es ist deshalb auch das mit der Klage verfolgte Recht des Klägers auf den Weiterbezug seiner Dienstbezüge für die Dauer der vertragsmäßigen Kündigungsfrist gleichfalls unter dem Gesichtspunkt einer von der Beklagten selbst vorgenommenen Kündigung zu beurteilen. Dieses Recht kann die Beklagte nicht durch die Berufung darauf abwehren, daß sie die vom Staatskommissar mit der Kündigung geschaffene Rechtslage anzuerkennen gezwungen ist. Denn diese Rechtslage hat ihren eigentlichen Grund in der Person der Beklagten, weil allein der Verdacht ihrer politischen Unzuverlässigkeit zur Bestellung des Kommissars und zu seiner Ausstattung mit Kündigungsbefugnissen geführt hat. Bei der rechtlichen Beurteilung ist das Vorhandensein des Staatskommissars völlig auszuschalten und lediglich die Frage zu beantworten, ob die Beklagte zu der in Wirklichkeit nicht von ihr, sondern vom Staatskommissar ausgesprochenen fristlosen Kündigung einen sie rechtfertigenden wichtigen Grund gehabt hätte.

Sie will einen wichtigen Grund zur Kündigung daraus herleiten, daß der Kläger wegen des Verdachts staatsfeindlicher Betätigung von der politischen Polizei verhaftet worden ist. Daß die durch eine Verhaftung herbeigeführte Unmöglichkeit der Dienstausübung dem Dienstberechtigten einen wichtigen Grund zur sofortigen Auflösung des Dienstverhältnisses geben kann, wird vom Berufungsgericht nicht verkannt. Es weist aber darauf hin, daß die Verhaftung nur wenige Tage gedauert hat, und vertritt die Ansicht, es sei der Beklagten sehr wohl zuzumuten gewesen, nach der plötzlichen Festnahme des Klägers noch eine kurze Zeit die Aufklärung des gegen ihn entstandenen Verdachtes abzuwarten und nicht sogleich mit der einschneidenden Maßregel fristloser Entlassung gegen ihn vorzugehen. Es stellt weiter fest, daß der Verdacht gegen den schon nach einer Woche wieder aus der Haft entlassenen Kläger durch Angeberei entstanden war und sich schnell als haltlos herausgestellt hat. Will man ferner die bloße staatsfeindliche Einstellung des Klägers als einen wichtigen Grund zu einer fristlosen Entlassung für die selbst solcher Einstellung verdächtige Beklagte überhaupt gelten lassen, so vermißt das Berufungsgericht doch den Nachweis solcher Einstellung des Klägers. Diesen Ausführungen läßt sich aus Rechtsgründen nicht entgegentreten. Es trifft auch nicht zu, daß, weil der vom Kläger angerufene Gewerbeaufsichtsbeamte den Verdacht staatsfeindlicher Einstellung für gerechtfertigt erklärt hat, nunmehr der Kläger, wie die Revision glaubt, sich entlasten und in

Umkehrung der Beweislast den Nachweis seiner nicht staatsfeindlichen Einstellung erbringen müsse.

Weiter kann sich die Revision auch nicht auf Art. II des Gesetzes vom 4. April 1933 (RGBl. I S. 161) stützen. Dies Gesetz gibt dem Arbeitgeber kein außerordentliches Kündigungsrecht wegen Verdachts staatsfeindlicher Einstellung eines Arbeitnehmers, worüber nur die Verwaltungsbehörde zu entscheiden hätte. Es hat nur das in § 84 BRG. vorgesehene Recht des Einspruchs bei einer Kündigung, die mit dem Verdacht staatsfeindlicher Einstellung begründet wird, beseitigt und als Ersatz ein Verfahren vor der obersten Landesbehörde oder der von ihr bestimmten Behörde eingeführt. Ruft der Gekündigte die Behörde an und verneint sie, daß der Verdacht gerechtfertigt ist, so gilt die Kündigung als zurückgenommen. Andernfalls bleibt sie bestehen. Hier hat der zuständige Gewerbeaufsichtsbeamte den Verdacht für gerechtfertigt erklärt. Damit ist die Kündigung des Klägers also nicht aus der Welt geschafft worden. Es ist aber damit keine Entscheidung darüber getroffen, ob die Kündigung als fristlose oder nur als ordentliche mit Ablauf der vertraglichen Kündigungsfrist wirksam ist. Diese im Rechtsstreit der Parteien wesentliche Frage wird vom Gesetz gar nicht berührt. Dies hat vielmehr, ebenso wie das in ihm beseitigte Einspruchsrecht, bei einer fristlos ausgesprochenen Kündigung nur für eine darin gleichzeitig enthaltene fristgemäße Kündigung Bedeutung.

Was endlich den zweiten nachträglich zur Rechtfertigung der fristlosen Entlassung des Klägers herbeigezogenen Umstand anbetrifft, so geht das Berufungsgericht ebenfalls zutreffend davon aus, daß die dem Kläger vorgeworfene nicht sofortige Ablieferung eines für die Beklagte einkassierten Betrages einen wichtigen Grund zur fristlosen Entlassung abgeben kann. Es versagt ihm aber diese Eigenschaft mit Rücksicht darauf, daß der Kläger den größeren Teil des eingezogenen Geldes auf den ihm noch für Mai geschuldeten Teil seiner Bezüge zurückbehalten und den kleineren Rest mit nur geringer Verspätung abgeliefert hat, während ihm die Beklagte aus seiner 3jährigen Tätigkeit sonst nichts hat vorwerfen können. Auch damit bleibt das Berufungsgericht auf tatsächlichem Gebiet, das der Revision verschlossen ist.

Nach alledem kann die Revision keinen Erfolg haben.

17. Urteil des Reichsarbeitsgerichts

vom 20. Februar 1935,

RAG. 213/34, Arbeitsrecht-Kartei Heft 516.

Der Kläger ist Schwerkriegsbeschädigter. Er stand seit dem 15. November 1932 bei der Beklagten in Arbeit. Am 14. November 1933 kam er in Schutzhaft. Am 30. November wurde die Schutzhaft bis zum 6. Dezember 1933 wegen eines Trauerfalls in der

Familie unterbrochen. Der Kläger wurde angewiesen, sich am 7. Dezember 1933 vormittags wieder an Schutzhaftstelle zu melden. Am 5. Dezember 1933 erschien der Kläger am Eingang des Werks, um sich wieder in Arbeit zu melden. Dort eröffnete ihm der Pförtner, daß er Auftrag habe, ihn nicht einzulassen. Am 7. Dezember 1933 wurde die Schutzhaft aufgehoben.

Der Kläger sieht in den Vorgängen keine fristlose Entlassung, die die Beklagte ausgesprochen haben will, hält eine solche auch nicht für gerechtfertigt und verlangt Lohnzahlung für 20 Wochen.

Das Arbeitsgericht und das Landesarbeitsgericht Frankenthal (Urteil vom 18. September 1934) haben die Klage abgewiesen.

Das Reichsarbeitsgericht hat auf die Revision des Klägers das Urteil des Landesarbeitsgerichts Frankenthal aufgehoben und die Sache zur Verhandlung und Entscheidung an das Berufungsgericht zurückverwiesen.

Der Kläger ist gewerblicher Arbeiter. Das Berufungsgericht hält den Tatbestand des § 123 Abs. 1 Ziff. 8 GewO. für gegeben; es meint, durch die Schutzhaft sei der Kläger auch noch am 5. Dezember zur Arbeit unfähig gewesen und durch das Verhalten des Pförtners sei die fristlose Entlassung unzweideutig ausgesprochen, sie sei vom Kläger als solche auch richtig erkannt worden.

Die Zweifel der Revision, daß eine fristlose Entlassung durch die Beklagte ausgesprochen worden sei, sind unbegründet. Daß der Auftrag an den Pförtner von den zuständigen Organen der Beklagten erteilt worden war, war in der Tatsacheninstanz nicht in Zweifel gezogen worden, ergibt sich auch nicht aus der Berufungsverhandlung. Die Beurteilung des Vorgangs am 5. Dezember als der Erklärung der fristlosen Entlassung beruht auf Tatsachenwürdigung, bei der ein Rechtsirrtum nicht hervortritt.

Zweifel dagegen bestehen, ob das Berufungsgericht in verfahrensrechtlich einwandfreier Weise festgestellt hat, daß am 5. Dezember die Unfähigkeit des Klägers, die Arbeit fortzusetzen, noch bestand. Den Beweis, daß dem Kläger schon am 5. Dezember die Aufhebung der Schutzhaft in Aussicht gestellt war — tatsächlich befand sich der Kläger seit dem 30. November in Freiheit —, hat das Berufungsgericht nicht erhoben. In den Urteilsgründen des Arbeitsgerichts war gesagt, daß die Kündigung ausgesprochen wurde, als die Schutzhaft aufgehoben war und die Arbeitsunfähigkeit nicht mehr bestand. Bis zur Berufungsverhandlung hatte der Kläger daher keinen Anlaß, die unter das Zeugnis des Regierungsrats B. gestellte Tatsache vorzubringen. Die Zurückweisung dieses Beweisangebots als verspätet läßt sich daher nicht rechtfertigen.

Da die Zulässigkeit der fristlosen Entlassung davon abhängt, daß die Unfähigkeit zur Fortsetzung der Arbeit noch zu der Zeit bestand, in welcher die Entlassung ausgesprochen wurde, vgl. Hueck-Nipperdey, Arbeitsrecht, 3.—5. Aufl. Bd. I S. 340, S. 57 bei Note 37b, mußte das Urteil aufgehoben und die Sache an das Berufungsgericht zurückverwiesen werden.

Bei der erneuten Verhandlung wird das Berufungsgericht erforderlichenfalls auch zu prüfen haben, ob die Verhältnisse etwa so lagen, daß dem Kläger die Kündigung vorher zugehen zu lassen keine Möglichkeit gegeben war oder der Kläger an dem Nichtzugehen einer Kündigung nicht schuldlos war, und ob sich hieraus Rechtsfolgen ergeben (vgl. Komm. RGR. S. 130 BGB. Anm. 1 Abs. 2 S. 195 Zeile 15, 8. Auflage).

18. Urteil des Landesarbeitsgerichts Frankfurt am Main

vom 7. Oktober 1935,

6 Sa. 64/35, Arbeitsrechtsprechung Bd. 25 S. 197.

Die Verhängung der Schutzhaft beruht auf § 1 der Verordnung zum Schutz von Volk und Staat vom 28. Februar 1933, in Verbindung mit der Durchführungsverordnung vom 3. März 1933 und dem Runderlaß des Reichsministers des Innern vom 13. April 1934. Hiernach sind Beschränkungen der persönlichen Freiheit zwecks Sicherung des Aufbaues des neuen Staates allgemein zulässig und die Schutzhaft kann verhängt werden gegen jeden, der durch staatsfeindliche Betätigung die öffentliche Sicherheit und Ordnung unmittelbar gefährdet.

Durch die Tatsache der Inschutzhaftnahme als einer Verwaltungsmaßnahme der politischen Polizei ist aber noch keineswegs der Beweis der staatsfeindlichen Betätigung erbracht. Die Staatsanwaltschaft und die Gerichte entscheiden darüber, ob eine strafbare Handlung vorliegt.

Die Schutzhaft kann aber schon für sich allein einen wichtigen Grund zur fristlosen Entlassung im Sinne des § 70 HGB. bilden. Sie wird es regelmäßig dann sein, wenn die Schutzhaft voraussichtlich längere Zeit andauert. Auch nach § 72 Ziff. 3 HGB. ist dann die Schutzhaft ein Grund zur fristlosen Entlassung, weil der Angestellte durch längere Abwesenheit an der Verrichtung seiner Dienste verhindert ist. Ob der Angestellte die Schutzhaft verschuldet, oder ob die Schutzhaft sich als gerechtfertigt erwiesen hat, ist dabei gleichgültig; ebenso wie bei anhaltender Krankheit im Sinne des § 72 Ziff. 3 HGB. kann bei der Schutzhaft objektiv die Tatsache der längeren Abwesenheit die fristlose Entlassung rechtfertigen.

Auf die Schutzhaft als Entlassungsgrund kann sich allerdings der Arbeitgeber dann nicht berufen, wenn er selbst schuldhafterweise diese herbeigeführt hat. Es würde gegen Treu und Glauben verstoßen, wenn ein Betriebsführer, der entgegen seiner Treuverpflichtung, die auch für ihn seinen Angestellten gegenüber besteht, durch eine falsche Anzeige oder eine pflichtwidrig unterlassene Aufklärung die Inschutzhaftnahme eines Angestellten verursacht hat, die fristlose Entlassung eines Angestellten allein damit begründen könnte, daß der Angestellte in Schutzhaft gekommen und dadurch an der Leistung seiner Dienste verhindert sei.

19. Grundsätzliche Entscheidung des Reichsversicherungsamtes,
Nr. 4793 vom 20. Juni 1934, IIa 1180/34 7,
Reichsarbeitsblatt 1934 Teil IV (= Amtliche Nachrichten für Reichsversicherung) S. 330.

Der Kläger, der seit dem 1. Oktober 1930 J.-Rente bezieht, befindet sich seit dem 18. August 1933 aus politischen Gründen in Schutzhaft, und zwar jetzt im Konzentrationslager in Oranienburg. Die LV.-Anstalt hat die J.-Rente vom 1. September 1933 ab gemäß § 1312 Abs. 1, jetzt 1280 RVO. zum Ruhen gebracht und es gleichzeitig abgelehnt, die Rente für die Zeit der Festsetzung des Klägers gemäß Abs. 2 a. a. O. seiner Ehefrau zu überweisen, da er sie nicht überwiegend aus seinem Arbeitsverdienst unterhalten, die Ehefrau sich vielmehr seit 1929 als Reinemachefrau selbst erhalten habe. Der Kläger hat dagegen Berufung eingelegt, da die Schutzhaft unter keinen der in § 1312 (jetzt 1280) a. a. O. aufgeführten Ruhenstatbestände falle, § 1312 (1280) auch z. B. nicht einmal die Untersuchungshaft erfasse. Die Schutzhaft sei nicht eine Strafmaßnahme oder auch nur eine richterliche Sicherheitsmaßnahme, sondern lediglich eine solche polizeilicher, also verwaltungsrechtlicher Natur. Das OVA. hat den Ruhensbescheid aufgehoben, weil die Schutzhaft nicht der Verhängung einer Freiheitsstrafe oder der Unterbringung in einem Arbeitshause im Sinne des Gesetzes gleichzuerachten sei. Wenn der Gesetzgeber das Ruhen der J.-Rente auch im Falle der Schutzhaft gewollt hätte, hätte er das gesetzlich festgelegt. Die LV.-Anstalt hat dagegen Revision eingelegt. Sie macht in ihr geltend, daß, wie Senatspräsident Fuisting in der Zeitschrift „Die Arbeiterversorgung" 1933 S. 361 ff. ausgeführt habe, ein Bedürfnis für die Zahlung der Rente an Schutzhäftlinge schwerlich bestehe. Wenn das Ruhen auch für die Zeit vor dem 1. Januar 1934 fraglich sein könne, so müsse es doch zum mindesten vom 1. Januar 1934 ab eintreten, da von diesem Zeitpunkt ab die Sicherungsverwahrung das Ruhen bedinge und die Schutzhaft der Sicherungsverwahrung gleichzuachten sei.

Die Revision konnte keinen Erfolg haben.

Nach § 1312 Abs. 1 RVO. alter Fassung ruhte die J.-Rente, solange der Berechtigte eine Freiheitsstrafe von mehr als einem Monat verbüßt oder in einem Arbeitshause oder einer Besserungsanstalt untergebracht war. Diese Vorschrift erfuhr durch § 2 Abschn. 2 Kap. IV Fünfter Teil der Vierten V. des Reichspräsidenten zur Sicherung von Wirtschaft und Finanzen und zum Schutze des inneren Friedens vom 8. Dezember 1931 (RGBl. I S. 699, 734) insofern eine Änderung, als der Aufenthalt in einer Besserungsanstalt für sich das Ruhen nicht mehr begründete. Da für den vorliegenden Fall schon die geänderte Fassung des damaligen § 1312 RVO. galt, scheidet eine Parallele mit dem Aufenthalt in der Besserungsanstalt ohne weiteres aus, wie das OVA. auch richtig erkannt hat. Es sei aber darauf hingewiesen, daß die geschilderte

Änderung des § 1312 RVO. erfolgte, um die Unbilligkeit zu beseitigen, die darin lag, daß regelmäßig die Träger der Kosten der Fürsorgeerziehung infolge des Ruhens der Rente nicht in der Lage waren, sich an die Rente der Zöglinge zu halten. Diesen öffentlichen Dienststellen sollte die Möglichkeit eingeräumt werden, sich die Renten nach § 119 RVO. abtreten zu lassen oder sie zu pfänden (zu vgl. die Erläuterungen von Krohn, Zschimmer, Sauerborn zur Vierten NotV., Sozialversicherung und Fürsorge, Sonderheft der Zeitschrift „Die Reichsversicherung" S. 177 und 178 und Nachtrag S. 31). Die Träger der Fürsorgeerziehung sollten zuungunsten der Versicherungsträger entlastet werden. Die NotV. wollte also nicht etwa zugunsten der Berechtigten die Ruhensvorschriften auflockern, sondern sie bezweckte lediglich einen Lastenausgleich zwischen den Trägern der Versicherung und der Fürsorgeerziehung, so daß sich aus dieser Änderung für die rechtliche Beurteilung des vorliegenden Falles nichts herleiten läßt.

Das Reichsgesetz gegen gefährliche Gewohnheitsverbrecher und über Maßregeln der Sicherung und Besserung vom 24. November 1933 (RGBl. I S. 995) führte durch Art. 2, 1a Abschnitt den § 42a in das Strafgesetzbuch ein. Danach wurden als Maßregeln der Sicherung und Besserung

1. die Unterbringung in einer Heil- oder Pflegeanstalt,
2. die Unterbringung in einer Trinkerheil- oder Entziehungsanstalt,
3. die Unterbringung in einem Arbeitshaus,
4. die Sicherungsverwahrung usw.

eingeführt. Sie werden in § 42b bis e behandelt. Nach § 42e ordnet das Gericht, wenn jemand nach § 20a als ein gefährlicher Gewohnheitsverbrecher verurteilt wird, neben der Strafe die Sicherungsverwahrung an, falls es die öffentliche Sicherheit erfordert. Das auf Grund des Art. 6 des Reichsgesetzes dazu ergangene Ausführungsgesetz vom 24. November 1933 (RGBl. I S. 1000) hat dann der RVO. den § 119a eingefügt, nach dem der Anspruch auf Rente usw. für einen Berechtigten, der in Fürsorgeerziehung oder auf strafgerichtliche Anordnung in einer Heil- oder Pflegeanstalt, einer Trinkerheil- oder einer Entziehungsanstalt oder in einem Arbeitshaus oder Asyl untergebracht ist, soweit Leistungen für die Zeit der Unterbringung zustehen, bis zur Höhe der Kosten der Unterbringung auf die Stelle übergeht, der diese Kosten zur Last fallen. Dementsprechend sind dann weiter die Ruhensvorschriften der RVO. (§ 216 Abs. 1 Nr. 1, § 615 Abs. 1 Nr. 1 und der hier fragliche § 1312, jetzt 1280 RVO.) im allgemeinen dahin abgeändert worden, daß das Ruhen eintritt, solange der Berechtigte eine Freiheitsstrafe von mehr als einem Monat verbüßt oder in Sicherungsverwahrung untergebracht ist. Nach Art. 13 tritt das Gesetz am 1. Januar 1934 in Kraft. Soweit es sich vorliegend um die Zeit vom 1. September bis 31. Dezember 1933 handelt, kommt es also noch entscheidend darauf an, ob die Unterbringung in Schutzhaft der in einem Arbeitshaus gleichzusetzen ist; für die Zeit seit dem 1. Januar 1934 ist zu prüfen, ob die Schutzhaft von mehr als einmonatiger Dauer das Ruhen etwa als eine Freiheitsstrafe von entsprechender Dauer auslösen kann. Daß die Schutzhaft weder der Verhängung einer Freiheitsstrafe noch der Unterbringung in einem Arbeitshause gleichzuachten ist, liegt schon nach dem Wortlaut auf der Hand. Denn die Schutzhaft stellt lediglich eine vorbeugende Vorsichtsmaßnahme oder eine erzieherische Maßregel der Verwaltungsbehörde dar, die Freiheitsstrafe dagegen beruht auf der Feststellung einer Straftat durch das Gericht. Die Schutzhaft mag in manchen Beziehungen einer Freiheitsstrafe oder Arbeitshausunterbringung rein tatsächlich ähneln, ist rechtlich aber ganz etwas anderes, und unterscheidet sich von ihnen grundlegend in ihren Voraussetzungen, ihren Formen, ihren Wirkungen und zum Teil auch in ihrem Zweck (siehe dazu auch schon den Bescheid des RVA., betr. den entsprechenden § 615 RVO. in EuM. Bd. 35 S. 82 Nr. 5).

Was die Sicherungsverwahrung anbetrifft, so ist sie ein zwar neu geschaffener, aber feststehender rein strafrechtlicher Begriff, den §§ 42a und e in das Strafgesetzbuch eingeführt haben. Die Sicherungsverwahrung in § 1312 RVO. in der Fassung des Ausführungsgesetzes vom 24. November 1933 (jetzt § 1280 der Fassung vom 17. Mai 1934) kann daher auch nur in diesem strafrechtlichen Sinne gemeint sein. Es kann nur noch fraglich sein, ob etwa § 1312 (jetzt 1280 RVO.) sinngemäß auf die Unterbringung in Schutzhaft angewandt werden kann, wie Spohr das in der „Deutschen Invalidenversicherung" 1934 S. 39 vertritt[1]). Das ist zu verneinen. Allein aus dem Zweck der Ruhensvorschriften der RVO. und damit auch des § 1312 (jetzt 1280), der dahin geht, zu vermeiden, daß Personen doppelt versorgt werden, läßt sich eine entsprechende Anwendung nicht herleiten. Denn, wie das RVA. bereits grundsätzlich in bezug auf den ähnlichen § 216 RVO. ausgesprochen (zu vgl. E. 2509 II, AN. 1919 S. 280 = EuM. Bd. 11 S. 87 Nr. 37) und auch sonst allgemein in ständiger Rechtsprechung angenommen hat, sind die Ruhensvorschriften als Ausnahmebestimmungen anzusehen und daher eng auszulegen. Die Tatbestände, die das Ruhen bedingen können, sind in der RVO. erschöpfend aufgezählt. Die Ruhensvorschriften können mithin nicht auf andere als die dort ausdrücklich bezeichneten Fälle angewandt werden (so auch bezüglich des § 216 RVO. die E. des RVA. — IIa K. 159/33 — vom 28. März 1934), wenn es auch an sich im Hinblick auf die gesetzgeberische Absicht der Ruhensvorschriften, Doppelleistungen zu verhindern, vielleicht zweckmäßig sein möchte, wegen der Schutzhaft das Ruhen eintreten zu lassen. Andererseits darf aber auch nicht verkannt werden, daß es für den die Schutzhaft vollstreckenden

[1]) Die Abhandlung ist im Anhang S. 117 abgedruckt.

Fiskus nicht ungünstig ist, wenn die Rente den Berechtigten belassen wird. Denn er kann sich dann wegen der ihm entstehenden Kosten unter Umständen an ihr gemäß § 119 RVO. schadlos halten. Jedenfalls wirkt die Begründung von Spohr, die er für seine Auffassung der mittelbaren, entsprechenden Anwendung der Ruhensvorschriften auf Schutzhäftlinge gibt, nicht überzeugend. Er meint — in Anlehnung an die Ausführungen von Hoche in der Deutschen Juristenzeitung —, daß der nationalsozialistische Umbruch selbst Rechtsquelle sei und eine sinngemäße ausdehnende Auslegung der alten Vorschriften entsprechend der neuen Zeit gebieterisch fordere, selbst wenn der Wortlaut der Vorschriften entgegenstehe. Es kann demgegenüber nur auf die Ausführungen des Staatssekretärs und Preußischen Staatsrats Dr. Roland Freisler in seiner Abhandlung „Recht, Richter und Gesetz" (Deutsche Justiz, 95. Jahrgang, Nr. 49 Ausgabe A vom 23. November 1933 S. 694 ff.) hingewiesen werden. Danach entspricht es nicht dem Wirkungskreis des Richters, „die geltenden Gebote des Staates zu ändern". Er „hat nicht die Aufgabe, Recht zu schaffen, sondern Recht zu schöpfen", und es würde dem im nationalsozialistischen Reich geltenden Führergedanken widersprechen, wenn jeder einzelne Richter, der den nötigen Überblick über die gesamten Zusammenhänge und Erfordernisse nicht hat, der Führung auf diese Weise vorgreifen und von sich aus Recht, so wie er es versteht, setzen würde (zu vgl. dazu auch die Begründung der E. in EuM. Bd. 35 S. 340 bis 341 Nr. 119). Im Schrifttum ist auch ganz überwiegend die Auffassung vertreten worden, daß wegen der Schutzhaft das Ruhen der Rente nicht eintreten könne (so z. B. „Die Berufsgenossenschaft" 1933 Sp. 529, 530, 1934 S. 3 linke Sp., 1934 S. 102, „Deutsche Ortskrankenkasse" 1933 Sp. 653 und Sp. 1044). Die vereinzelt auftretende entgegengesetzte Ansicht (von Spohr a. a. O., ferner im Zentralblatt für Reichsversicherung und Reichsversorgung 1933 S. 253 und in der „Betriebskrankenkasse" 1933 Sp. 467) erscheint durch die vorstehenden Ausführungen widerlegt. Es muß danach dem Gesetzgeber überlassen bleiben, wenn er es für zweckmäßig und notwendig hält, die Ruhensvorschriften entsprechend zu ändern.

Hiernach läßt die E. des OVA. einen Rechtsirrtum nicht erkennen, und es rechtfertigt sich, ohne daß es eines Eingehens auf den Abs. 2 des alten § 1312 (jetzt S. 2 des § 1280) RVO. bedurfte, die Zurückweisung der Revision der LVAnst.

20. Entscheidung des Staatlichen Versicherungsamtes Deggendorf vom 28. Dezember 1934, Arbeiter-Versorgung 1935 S. 76.

Der Steinmetz Max V. aus M. war vom 18. April 1934 bis 17. Juni 1934 als Empfänger von Krisenunterstützung Mitglied der AOK. D.-Land (§§ 167, II, 117 ff. AVAVG. Amtl. Nachr. 1931 S. 9 Nr. 3926). Nach Wegfall der Krisenunterstützung machte er von seinem Recht zur freiwilligen Fortsetzung der Mitgliedschaft bei der Kasse Gebrauch. Die Anzeige der Weiterversicherung ging am 22. Juni 1934 bei der AOK. D.-Land ein, die V. dann mit einem Grundlohn von 2,40 RM. als freiw. Mitglied weiterführte. Am 25. Juni 1934 wurde Max V. in Schutzhaft genommen und am 1. Juli 1934 in das Konzentrationslager Da. überführt. Als die AOK. D.-Land davon erfuhr, strich sie V. in ihrem Mitgliederverzeichnis, weil nach ihrer Auffassung zur Durchführung der Krankenversicherung des V. für die Dauer seines Aufenthaltes in Da. gem. § 313b RVO. die AOK. Da. zuständig sei. Letztgenannte Kasse erkannte aber ihre Zuständigkeit für die Weiterversicherung des V. nicht an und stellte sich auf den Standpunkt, daß bei zwangsweiser Unterbringung eines Schutzhäftlings in einem staatlichen Konzentrationslager eine Wohnortsverlegung nicht eintreten könne. V. beantragte daraufhin die Entscheidung des Versicherungsamts. Es liegt hier ein Streit über die freiwillige Weiterversicherung vor, den gemäß § 313b RVO. das Versicherungsamt im Beschlußverfahren zu entscheiden hat. Als zuständiges Versicherungsamt hat das Bayer. LVA. das staatl. Versicherungsamt Deggendorf bestimmt (§ 1783 Abs. 2 RVO.). In sachlicher Hinsicht ist zunächst festzustellen, daß V. am 22. Juni 1934, dem Tag des Eingangs seiner Anmeldung zur Weiterversicherung bei der AOK. D.-Land, seinen Wohnort noch in M. hatte. Da die Anzeige der Weiterversicherung fristgemäß erstattet wurde, und auch die übrigen Voraussetzungen des § 313 I RVO. erfüllt waren, ist Max V. Mitglied der AOK. D.-Land geblieben, solange er seinen Wohnort im Kassenbereich beibehielt. Die AOK. Da. vertritt die Auffassung, daß letzteres auch nach der Unterbringung des V. im Konzentrationslager Da. noch der Fall gewesen sei. Dem kann das Versicherungsamt aber nicht beipflichten. Nach der ständigen Rechtsprechung des RVA. (Amtl. Nachr. 1904 S. 422, 1913 S. 639, 1931 S. 447, 1933 S. 69) gilt als Wohnort im Sinne der RVO. und insbesondere auch im Sinne des § 313b RVO. nicht ohne weiteres der Wohnsitz im Sinne des § 7 BGB., vielmehr bedeutet Wohnen im Sinne der RVO. ein rein tatsächliches, länger dauerndes, nicht zufälliges Verweilen an einem Ort. Im Gegensatz zur Begründung des Wohnsitzes genügt also für die Begründung des Wohnortes die bloße Tatsache der Anwesenheit, von der lediglich gefordert ist, daß sie eine gewisse „längere Dauer" umfaßt und nicht „zufällig" herbeigeführt ist. V. befindet sich seit 1. Juli 1934 und heute noch im Konzentrationslager Da., der Zeitpunkt seiner Entlassung ist unbestimmt. Von einem nur vorübergehenden kurzzeitigen Aufenthalt dortselbst kann also nicht mehr gesprochen werden. Der Aufenthalt ist auch kein zufälliger, sondern V. hat ihn durch sein anstößiges, abträgliches Verhalten selbst veranlaßt. Auf die Freiwilligkeit des Aufenthaltes kommt es nicht an. Das RVA. hat daher wiederholt ausgesprochen, daß Personen, die längere Zeit, z. B. in einer Irrenanstalt (Amtl. Nachr. 1912 S. 874 Nr. 1617, neuerdings Entsch. vom 29. November 1933 IIa K. 192/33), einem Krankenhaus oder einem Lazarett (Amtl. Nachr. 1913 S. 677, 1916 S. 562, 1917 S. 457) untergebracht waren, am Orte dieser Anstalten ihren Wohnort im Sinne der RVO. hatten. Nichts anderes kann bei Verwahrung eines Schutzhäftlings in einem Konzentrationslager gelten. V. hat also seinen Wohnort im Sinne des § 313b RVO. seit 1. Juli 1934 in Da. Vom gleichen Zeitpunkt an erwarb er die Mitgliedschaft bei der AOK. Da., ohne daß es eines neuerlichen Antrags oder einer besonderen Überweisung bedurfte; der Kassenwechsel ging automatisch vor sich (Amtl. Nachr. 1931 S. 447 Nr. 4203). V. hätte übrigens auch für den Fall, daß M. schon am 22. Juni 1934 nicht mehr sein Wohnort war, das Krankenversicherungsverhältnis wirksam freiwillig fortgesetzt, da nach Sinn und Zweck des § 313b RVO. anzunehmen ist, daß auch durch die Anzeige bei der bisherigen Kasse das Versicherungsverhältnis aufrechterhalten wird, wenn diese Anzeige nur rechtzeitig, d. h. innerhalb der Dreiwochenfrist des § 313 II RVO. erstattet wurde, was im Fall V. zutrifft (Amtl. Nachr. 1933 S. 69 Nr. 4558).

21. Entscheidung des Versicherungsamts München

vom 11. November 1933, Arbeiter-Versorgung 1934 S. 138.

Zu entscheiden ist nur die Frage, ob die Mitgliedschaft am 5. August 1933 gemäß § 314 RVO. erloschen ist, weil zu diesem Zeitpunkt zweimal nacheinander am Zahltag die Beiträge nicht entrichtet wurden und seit dem ersten dieser Tage mehr als vier Wochen vergangen waren. Nach dieser Vorschrift erlischt die Mitgliedschaft Versicherungsberechtigter unter diesen Voraussetzungen kraft Gesetzes, ohne daß es noch einer besonderen Ankündigung oder anderen Maßnahme der Kasse bedarf. Es handelt sich hierbei, wie auch die grundsätzliche Entsch. 2371 (Amtl. Nachr. 1917 S. 543) ausführt, um eine Vorschrift des öffentlichen Rechtes, also zwingender Natur. Nach der Entscheidung des RVA. vom 16. September 1919 (Monatsschrift 1919 Sp. 728) sind zwar höhere Gewalt oder auch ein sonstiger unverschuldeter Zufall, welcher der Ausführung des Zahlungsgeschäftes entgegentritt, als Umstände zu betrachten, die das Erlöschen der Mitgliedschaft gemäß § 314 RVO. ausschließen. Allein um die Unmöglichkeit der Erledigung der Zahlung hat es sich im Streitfall nicht gehandelt. Sch. jun. hat nicht bestritten, daß sich sein Vater während der Schutzhaft von D. aus mit den Angehörigen oder mit der Kasse schriftlich in Verbindung setzen konnte, wie er das auch gelegentlich seiner ersten Schutzhaft getan hatte, als es sich um das Hausgeld für seine Ehefrau gehandelt hat. Sch. wäre also zweifellos in der Lage gewesen, die Ausführung des Zahlungsgeschäftes rechtzeitig zu veranlassen, wenn er oder seine Angehörigen das Geld zur Zahlung der Beiträge besessen hätten. Er wurde deshalb an der Erledigung der Zahlung der fälligen Beiträge nicht infolge höherer Gewalt behindert, sondern infolge Zahlungsunfähigkeit. Das wurde auch von den Angehörigen des inzwischen Verstorbenen unumwunden eingeräumt. Zahlungsunfähigkeit hält aber das Erlöschen der Mitgliedschaft gemäß § 314 RVO. nicht auf, selbst dann nicht, wenn ein Verschulden des Versicherten nicht vorliegt. Wie die bereits erwähnte grundsätzliche Entsch. anerkannt hat und auch in der Rev.-Entsch. des Sächsischen LVA. in Breithaupt Bd. IX S. 214 ff. ausgeführt ist, hindert die öffentlich-rechtliche Natur der Beitragspflicht nicht die Anwendung der Grundsätze zum Vollzug des bürgerlichen Rechtes. Bei der Beitragsverpflichtung nach § 393 letzter Satz RVO. handelt es sich um eine Geldleistung, weshalb nach § 279 BGB. das subjektive Unvermögen zur Zahlung den Schuldner nicht befreit, mag es ein dauerndes oder vorübergehendes und mag es von vornherein vorhanden oder nachträglich entstanden sein; er hat dafür ohne Rücksicht auf den Grund des Unvermögens, also auch ohne Verschulden, einzustehen. Dies ist in Rechtsprechung wie Schrifttum anerkannt. (Stier-Somlo S. 634 Anm. 3e, Arb.-Vers. 1912 S. 476 Ziff. 16.) Der Grund der Zahlungsunfähigkeit ist deshalb in keinem Fall zu beachten. Deshalb ist auch der gebrachte Einwand bedeutungslos, daß die Zahlungsunfähigkeit durch höhere Gewalt erst herbeigeführt worden sei, daß der Verstorbene durch seine Verhaftung an einer Verdienstmöglichkeit gehindert worden sei. Auch daß die Versagung des Sterbegeldes eine Härte sei, kann nicht gewürdigt werden. In Revolutionszeiten gibt es häufig Härten, die keinen Ausgleich finden können. Auch die RVO. sieht einen sogenannten Härteparagraphen nicht vor. Es besteht zwar für die Kasse die Möglichkeit, eine Stundung von Beiträgen zu gewähren, wie auch auf anderen Gebieten des öffentlichen Rechtes eine Stundung von Abgaben und Gefällen nicht unbekannt ist. Die oben erwähnte grundsätzl. Entsch. des Reichsversicherungsamtes zieht nur insofern eine Grenze, als sich die Stundung innerhalb des Rahmens halten muß, den eine geordnete Kassenverwaltung vorschreibt, was sich aus der Pflicht des Vorstandes zur ordnungsmäßigen Führung der Kassengeschäfte ergebe. Durch eine solche Stundung wird der Zahlungstermin hinausgeschoben, so daß der Beitragspflichtige während der Dauer der Stundung nicht in Zahlungsverzug gerät. Dadurch kann die Wirkung, die das Gesetz an die Nichtzahlung der Beiträge an zwei aufeinanderfolgenden Zahltagen knüpft, erst eintreten, wenn die zugestandene Nachfrist ohne Zahlung der rückständigen Beiträge abgelaufen ist. Eine solche Stundung ist von der Kasse aber im Streitfall nicht gewährt worden. Denn ein Stundungsantrag ist weder von dem Verstorbenen noch in dessen Auftrag von irgendeinem Familienangehörigen bei der Kasse rechtzeitig gestellt worden. Wenn die Ehefrau des Ausgeschlossenen erst nach dem kraft Gesetzes eingetretenen Erlöschen der Mitgliedschaft um Ratenzahlung nachsuchte und eine Rate einzahlte, so konnte die bereits erloschene Mitgliedschaft dadurch nicht wieder aufleben. Ihre dahingehende irrtümliche Meinung ist belanglos (siehe ArbVers. 1907 S. 434). Andererseits war auch nach dem Ende der Mitgliedschaft die Pflicht zur Bezahlung der rückständigen Beiträge bis zum Ablauf des erloschenen Versicherungsverhältnisses nach wie vor gegeben. Eine Verpflichtung, vor dem Ablauf des zweiten Zahltages auf die Folgen der Unterlassung der Zahlung hinzuweisen, bestand für die Kasse nicht, wenn ihr auch die Befugnis hierzu nicht abgesprochen werden könnte. Die Unterlassung eines solchen besonderen Hinweises auf das bevorstehende Erlöschen der Mitgliedschaft kann aber im Rahmen ordnungsmäßiger Geschäftsführung liegen, wenn, wie beispielsweise bei der beklagten Kasse die Mitgliederzahl außerordentlich hoch ist, so daß die Durchführung eines solchen Hinweises u. U. besondere Arbeitskräfte erfordern würde, deren Kosten in Zeiten ungünstiger finanzieller Verhältnisse nicht zu rechtfertigen wären. Übrigens hatte die Kasse gelegentlich der Aufforderung der Zahlung der Beiträge ab 5. Juni 1933 auf die Folgen der Unterlassung schon einmal hingewiesen. Sch. war zur Zeit seines Ablebens am 19. August aus diesen Gründen nicht mehr Mitglied der Kasse. Ein Anspruch auf Sterbegeld ist für die Hinterbliebenen deshalb nicht entstanden, weshalb die erhobene Klage als unbegründet abzuweisen ist.

Anhang.

I. Schutzhaft und Sozialversicherung.

Auszug aus: Volkstümliche Zeitschrift für die gesamte Sozialversicherung 1934 Heft 6 S. 67 ff.

III. Schutzhaft und Versicherungsleistungen.

Sehr erhebliche Schwierigkeiten bereitet die Frage, ob den Schutzhäftlingen V.leistungen zu gewähren sind. Insbesondere gilt das bezüglich der KH. und der verwandten Bestimmungen in §§ 615, 1312 RVO., § 72 AVG. Nachstehend soll nur das Problem der KH. untersucht werden; für die anderen Bestimmungen gilt das gleiche. Zunächst wird die Fassung dieser Vorschriften zugrundegelegt, die bis zum 31. Dezember 1933 galt. Die Neufassung durch das Ausf.Ges. zu dem Ges. gegen gefährliche Gewohnheitsverbrecher usw. vom 24. November 1933, RGBl. I S. 1000, die seit dem 1. Januar 1934 gilt, hat den Rechtszustand nicht geändert (vgl. nachstehend 3).

Hinsichtlich der Frage, ob der Schutzhäftling KH. von einer Kk., bei der er vor seiner Verhaftung versichert war, beanspruchen kann, ist zunächst die unmittelbare Anwendbarkeit des § 216 RVO. zu prüfen. Nach § 216 Abs. 1 Ziff. 1 RVO. a. F. ruht bekanntlich die KH., solange der Berechtigte „eine Freiheitsstrafe verbüßt oder sich in Untersuchungshaft befindet oder in einem Arbeitshaus oder in einer Besserungsanstalt untergebracht ist."

1. Es kann kaum ein Zweifel sein, daß diese Vorschrift auf die Schutzhaft nicht unmittelbar Anwendung finden kann. Sie ist nicht ausdehnend auszulegen, weshalb die KH. z. B. nicht bei einer aus gesundheitspolizeilichen Gründen erfolgten zwangsweisen Einweisung in ein Krankenhaus ruht (Bad. LVA. vom 28. Oktober 1917, EuM. Bd. 10 S. 28). Die Verhängung von Schutzhaft ist keine Freiheitsstrafe im Sinne des § 216 Abs. 1 Ziff. 1. Denn wie sich aus dem Gegensatz zur Untersuchungshaft ergibt, hat der Gesetzgeber mit dem Ausdruck „Freiheitsstrafe" ausschließlich die vom Gericht verhängte Strafe gemeint (vgl. auch die Auskunft in der DOK. 1933 Sp. 653, Fuisting in der ArbVers. 1933 S. 362, und den Bescheid des RVA. vom 20. September 1933, I 11 118/33, DOK. 1933 Sp. 1073). (Im übrigen muß diesem Bescheid m. E. widersprochen werden, weil er die Frage der sinngemäßen Anwen-

dung des § 615 Abs. 1 Ziff. 1 RVO. nicht prüft.) Aus den gleichen Gründen kann die Schutzhaft nicht als Untersuchungshaft angesehen werden. Sie als Unterbringung in einem Arbeitshaus anzusprechen, erscheint ebenfalls unmöglich.

Schwieriger ist die Frage, ob die Schutzhaft der Unterbringung in einer Besserungsanstalt gleichgeachtet werden kann. Diese Auffassung ist im ZRR. 1933 Nr. 17 vertreten worden, und man wird nicht verkennen können, daß sich gute Gründe dafür anführen lassen. Trotzdem möchte ich den Einwendungen von Feld in DOK. 1933 Sp. 1045 zustimmen und eine unmittelbare Anwendung ablehnen.

2. Damit ist jedoch die Frage der Anwendbarkeit des § 216 Abs. 1 Ziff. 1 RVO., die aus den zu 1 dargelegten Gründen an sich zu verneinen wäre, m. E. keineswegs erledigt. Es verbleibt die Notwendigkeit einer Prüfung der sinngemäßen Anwendung.

a) Sie ergibt sich daraus, daß der Gesetzgeber des § 216 RVO. an eine Einrichtung wie die heutige Schutzhaft nicht gedacht hat und auch nicht hat denken können. Bezüglich der Schutzhaft im modernen Sinne ist die Rechtslage eine ganz andere als bezüglich anderer polizeilicher Maßnahmen, die es auch schon zur Zeit des Entstehens des § 216 RVO. gegeben hat, die der Gesetzgeber also hätte einbeziehen können, wenn er es gewollt hätte, und die man aus dieser Nichteinbeziehung heraus mit Recht als nicht von § 216 RVO. erfaßt anspricht (vgl. z. B. hinsichtlich gesundheitspolizeilicher Einweisung die erwähnte Entscheidung des Bad. LVA.). Allerdings war schon vor der VO. vom 28. Februar 1933 in Preußen die politische Schutzhaft staatsgefährlicher Personen zulässig, und zwar nicht erst, wie vielfach irrig angenommen wurde, nur nach Verhängung des Ausnahmezustandes, sondern auch ohne solche kraft positiven Rechts. § 6 des Gesetzes zum Schutz der persönlichen Freiheit vom 12. Februar 1850 bestimmt: Die im § 3 genannten Behörden, Beamten und Wachtmannschaften (das sind die Polizeibehörden und andere Beamte, die nach den bestehenden Gesetzen die Pflicht haben, Straftaten nachzuforschen) „sind befugt, Personen in polizeiliche Verwahrung zu nehmen, wenn der eigene Schutz dieser Personen oder die Aufrechterhaltung der öffentlichen Sittlichkeit, Sicherheit und Ruhe diese Maßregel dringend erfordern. Die polizeilich in Verwahrung genommenen Personen müssen jedoch spätestens im Laufe des folgenden Tages in Freiheit gesetzt oder es muß in dieser Zeit das Erforderliche veranlaßt werden, um sie der zuständigen Behörde zu überweisen". Die (politische) Schutzhaft auf Grund dieser Bestimmung unterlag also weitgehenden Schranken, indem sie nur eine vorübergehende sein konnte. Die Schutzhaft auf Grund der VO. vom 28. Februar 1933 ist solchen Schranken nicht unterworfen. Sie ist gerade infolge des Fehlens solcher Schranken (die Schutzhaft auf Grund dieser VO. kann so lange vollstreckt werden, bis der mit ihrer Verhängung erstrebte Zweck erreicht ist) und infolge der Unmöglichkeit ihrer Nachprüfung durch den ordentlichen Richter oder den Verwaltungsrichter etwas gänzlich anderes. Zudem lag für den Gesetzgeber des § 216 RVO. nicht der geringste Anlaß zur Einbeziehung der Schutzhaft auf Grund des erwähnten preußischen Gesetzes vom 12. Februar 1850 vor, weil diese Schutzhaft nach Vorstehendem ja nicht länger als nur einen Tag vollstreckt werden konnte.

b) Die sinngemäße Anwendung von § 216 Abs. 1 Ziff. 1 RVO. wird aber durch zwei entscheidende Gesichtspunkte gestützt und geboten: den Zweck des Gesetzes und die Wandlung der Verhältnisse. Das OLG. Celle hat gelegentlich einmal (Urteil vom 11. Februar 1932, 2 U 97/32) folgendes ausgeführt: „Das Recht ist ... nicht etwas ein für allemal Gegebenes und Feststehendes. Das Recht ist vielmehr etwas Lebendiges, das sich mit der Zeit, dem Volk und den zu regelnden Verhältnissen wandelt. Die Gerichte können daher bei der Rechtsanwendung nicht an konstruktive Anschauungen vergangener Jahrzehnte, denen eine Vorschrift ihre Entstehung verdankt, schlechthin gebunden sein. Bei der Auslegung müssen vielmehr die Zwecke des Gesetzes und die Verhältnisse im Laufe der Zeit mehr und mehr überragende Bedeutung gewinnen."

c) Zunächst ist auf den Zweck des § 216 RVO. zurückzugreifen. Die Begründung (zu § 228 des Entwurfes) besagt: „Die Vorschrift des § 228 ist für das Gebiet der KV. neu, entspricht aber ähnlichen Bestimmungen bei den anderen V.zweigen (zu vgl. §§ 632 und 1300 ff.). Faßt man die ReichsV. in ein einheitliches Gesetz zusammen, so liegt es nahe, gleichartige Verhältnisse in den verschiedenen V.arten auch in gleicher Weise zu regeln. In der Tat liegt für die KV. ebenso wenig wie bei Unf.V. oder Inv.V. ein berechtigter Anlaß vor, einer Person, die bereits auf Staatskosten in einem Gefängnis oder einer ähnlichen Anstalt auch im Krankheitsfalle verpflegt wird, daneben noch eine weitere Krankenfürsorge aus öffentlich-rechtlichen Mitteln zukommen zu lassen. Die zeitliche Grenze ist seinerzeit in die entsprechende Vorschrift des Alters- und Invaliditätsgesetzes aus dem Grunde eingesetzt worden, weil bei ganz geringem Strafmaß das Ruhen der Entschädigung als unbillige Härte empfunden werden, auch die Berücksichtigung solcher kurzen Strafzeiten zu unverhältnismäßigen Weitläufigkeiten führen würde. Jedoch ist es angezeigt, die Zeit, bis zu der beim KG. das Ruhen noch nicht eintritt, auf eine Woche zu begrenzen. Die Unterbringung in Arbeitshäusern oder Besserungsanstalten wird ohnehin regelmäßig für einen längeren Zeitraum angeordnet, so daß hier davon abgesehen werden kann, eine Mindestdauer festzusetzen." Der hier in Betracht zu ziehende Kernpunkt ist die zum Ausdruck gebrachte Absicht des Gesetzgebers, eine doppelte Krankenfürsorge zu vermeiden. Wenn auch die Schutzhäftlinge nicht auf Staatskosten versorgt werden, sondern ihrerseits die Kosten ihres Aufenthaltes im Konzentrationslager bestreiten müssen, so ist doch ihre Krankenfürsorge gewährleistet. Die Frage der Kostenaufbringung ist eine andere (sekundäre), auf die Frage des Anspruchs auf Krankenfürsorge kommt es allein an. Und dieser Anspruch wird den Schutzhäftlingen in der Praxis nicht abgesprochen (mag er auch hinsichtlich seines Rechtscharakters nur schwierig begründet werden können). Die Sachlage ist daher bei der Schutzhaft eine der bei den von § 216 Abs. 1 Ziff. 1 RVO. im einzelnen aufgezählten Maßnahmen gleiche. Die im § 216 RVO. im einzelnen aufgezählten Maßnahmen aber als eine Gruppe rein strafrechtlicher Maßnahmen zu verstehen und daraus zu schließen, daß polizeiliche Maßnahmen nach Absicht des Gesetzgebers grundsätzlich nicht unter § 216 RVO. fallen sollten, dafür bietet die Entstehungsgeschichte keinerlei Anhalt.

d) Sodann ist auf den zu I dargelegten Rechtscharakter der Schutzhaft zurückzugreifen. Die Schutzhaft ist eine polizeiliche Maßnahme, aber eine solche sui generis. Sie kann mit anderen polizeilichen Maßnahmen nicht ohne weiteres verglichen werden. Der Akt ihrer Verhängung ist keine polizeiliche Verfügung, wie sie z. B. in Preußen ihre Rechtsgrundlage im preußischen Polizeiverwaltungsgesetz findet, sondern eine Verfügung, die mit der polizeilichen Verfügung nur große Ähnlichkeit aufzuweisen hat (vgl. Drews-Lassar, Allgemeine und politische Polizei 1932, Sonderausgabe zu v. Brauchitsch Verwaltungsgesetzen; Neubert in der Jur. Wochenschrift 1933 S. 2426 ff.; Hoche in der DJZ. 1933 Spalten 394 ff. und 1450 ff.). Andererseits stellt sich die Schutzhaft — und darin liegt m. E. die besondere Berechtigung der Anwendung des § 216 Abs. 1 Ziff. 1 RVO. auf sie — als eine Maßnahme dar, die die wesentlichen Elemente der in § 216 Abs. 1 Ziff. 1 RVO. aufgezählten Maßnahmen in sich vereinigt. Sie ist zunächst eine Freiheitsbeschränkung (wenn auch nicht eine „Strafe" im engeren strafrechtlichen Sinne). Sie kann den Charakter der Untersuchungshaft annehmen, wenn sie verhängt wird, um die Aufklärung von Straftaten zu erleichtern. Sie ähnelt der Unterbringung in einem Arbeitshaus und einer Besserungsanstalt, was nicht weiter ausgeführt zu werden braucht. Aus der Natur der Schutzhaft als eines Gebildes sui generis, nämlich der nationalsozialistischen Revolution, aber folgt die Notwendigkeit, Bedenken rein formal-juristischer Art zurückzustellen und bestehende Vorschriften sinngemäß anzuwenden — auch wenn sie nicht wortwörtlich zutreffen —, sondern ihre Anwendung aus dem Zweck der neuen Institution heraus geboten ist. „Denn die nationalsozialistische Revolution ist selbst Rechtsquelle mit unmittelbarer Rechtswirkung. Die anerkannten grundlegenden Prinzipien der nationalsozialistischen Rechtsauffassung sind auch dort als bereits geltender Bestandteil des materiellen deutschen Rechts anzusehen, wo sie noch nicht ihren Niederschlag in formellen Gesetzesbestimmungen gefunden haben. Die formelle Gesetzgebung kann nur allmählich und nach und nach durch Anpassung aller Gesetzestexte diese von Grund auf veränderte

Rechtsauffassung zu Papier bringen. Aber das Entscheidende ist nicht das auf dem Papier stehende, sondern das lebendig im Herzen aller Volksgenossen wurzelnde Recht.“ (Hoche, a. a. O.)

3. Durch das AusfGes. zu dem Ges. gegen gefährliche Gewohnheitsverbrecher usw. vom 24. November 1933, RGBl. I S. 1000 Art. 8 und 9 haben die §§ 216 Abs. 1 Ziff. 1, 615 Abs. 1 Satz 1, 1312 Abs. 1 RVO., § 72 Abs. 1 AVG. mit Wirkung vom 1. Januar 1934 eine Neufassung erhalten (vgl. „Änderung von Vorschriften der SV. durch das Gesetz gegen gefährliche Gewohnheitsverbrecher“, VZ. 1933 Seite 362; Brunn „Der Einfluß der neuen strafrechtlichen Vorschriften über Sicherung und Besserung auf die Leistungen aus der SV.“, ArbVers. 1934 Seite 44). Die Änderungen entsprechen dem Zweck des Gesetzes, indem sie das Ruhen der KH. und der Renten während der Unterbringung des Berechtigten in Sicherungsverwahrung anordnen. Die Begründung hierfür ist dieselbe wie hinsichtlich der gleichen Vorschrift über die Freiheitsstrafen (Vermeidung doppelter Leistung). Die Sicherungsverwahrung ist eine Folge strafgerichtlicher Verurteilung, für sie gilt daher dasselbe, was in den vorstehenden Ausführungen von der Freiheitsstrafe gesagt ist. Die sinngemäße Anwendbarkeit der hier behandelten Vorschriften auf die Schutzhaft wird durch diese Neufassung weder ausgeschlossen, noch eingeschränkt. Insbesondere kann daraus, daß die Schutzhaft bei der Neufassung nicht erwähnt ist, nicht auf eine Absicht des Gesetzgebers geschlossen werden, daß diese Vorschriften auf die Schutzhaft keine Anwendung finden sollen. Denn Sicherungsverwahrung und Schutzhaft sind ganz verschiedene Dinge. Erstere ist eine Strafmaßnahme, die für dauernd in das deutsche Strafrecht eingeführt ist, letztere dagegen ist eine polizeiliche Maßnahme, die nur vorübergehend, nämlich bis zur Durchsetzung des nationalsozialistischen Staates, Anwendung finden soll (§ 1 der VO. vom 28. Februar 1933 setzt Art. 114 der Reichsverfassung nur „bis auf weiteres“ außer Kraft). Im Rahmen eines Gesetzes über Maßnahmen gegen Gewohnheitsverbrecher die Schutzhaft zu regeln, bestand nicht nur kein Anlaß, sondern aus gesetzestechnischen Gründen nicht einmal die Möglichkeit.

4. Ergibt sich sonach nicht nur die Möglichkeit, sondern auch die Notwendigkeit der Anwendung des § 216 Abs. 1 Ziff. 1 RVO., sowohl alter wie neuer Fassung, auf den Schutzhäftling, so besteht zugleich kein Anlaß, diese Bestimmung und die ihr verwandten in §§ 615, 1312 RVO., § 72 AVG. nicht vollinhaltlich anzuwenden. Ebensowenig, wie es nach den Ausführungen Fuistings (a. a. O. S. 363), denen zuzustimmen ist, unbedenklich ist, „unter den gesetzlichen Voraussetzungen den Angehörigen des Schutzhäftlings Hausgeld zu gewähren“, ebenso berechtigt ist die Anwendung des § 615 Abs. 1 Ziff. 1 Satz 2, § 1312 Abs. 2 RVO., § 72 Abs. 2 AVG.

II. Ruht die Rente, solange sich der Berechtigte in Schutzhaft befindet?

(Aus: Deutsche Invaliden-Versicherung 1934 Heft 3 S. 39 f.)

Die Frage, ob dem Schutzhäftling Versicherungsleistungen zu gewähren sind, bereitet erhebliche Schwierigkeiten. Sie konnte bislang — mangels genauerer Bestimmung der Rechtsnatur der Schutzhaft — nicht beantwortet werden. Für die Versicherungsanstalten steht die Frage der Anwendung des § 1312 RVO. auf den Fall, daß der Rentenberechtigte in Schutzhaft genommen ist, im Vordergrunde des Interesses.

I. Keine unmittelbare Anwendung des § 1312 RVO.

Nach § 1312 Abs. 1 RVO. alter, bis zum 1. 1. 1934 geltender, Fassung ruht die Rente, „solange der Berechtigte eine Freiheitsstrafe von mehr als einem Monat verbüßt oder in einem Arbeitshaus oder einer Besserungsanstalt untergebracht ist". Kann diese Bestimmung auf die Schutzhaft unmittelbar Anwendung finden? Das ist zu verneinen:

a) § 1312 Abs. 1 ist nicht ausdehnend auszulegen. Deshalb ist die Untersuchungshaft, die in der dem § 1312 Abs. 1 verwandten Bestimmung des § 216 Abs. 1 Ziff. 1 RVO. ausdrücklich neben der Freiheitsstrafe aufgeführt ist (während sie in § 615 Abs. 1 Ziff. 1 RVO. ebenso fehlt wie in § 1312 Abs. 1) der „Freiheitsstrafe" nicht gleichzustellen (AN. 14, 507). Unter „Freiheitsstrafe" kann nur eine vom Gericht verhängte Kriminalstrafe im engeren Sinne verstanden werden. Die Schutzhaft wird aber weder vom Gericht verhängt noch ist sie eine Kriminalstrafe. (Näheres s. nachstehend II.)

b) Daß die Unterbringung im Konzentrationslager nicht als solche in einem Arbeitshaus verstanden werden kann, bedarf keiner weiteren Darlegung. Im Bescheid vom 20. 9. 1933, I 11 118/33 (Betriebskrankenkasse 1933 Sp. 544; DOK. 1933 Sp. 1073) hat ferner das RVAmt ausgeführt: „Vorbehaltlich einer Entscheidung im Rechtszuge neigt das RVAmt der Auffassung zu, daß in den Fällen, in denen der Unfallverletzte in einem Konzentrationslager untergebracht ist, ein Ruhen der Rente nach § 615 Abs. 1 Nr. 1 RVO. nicht eintritt, weil die Verfügung der Schutzhaft weder der Verhängung einer Freiheitsstrafe noch der Unterbringung in einem Arbeitshause gleichzuachten ist (vgl. ArbVers. 50. Jahrgang Heft 23 S. 362 ff.)." Da die Begriffe „Freiheitsstrafe" und „Arbeitshaus" in § 615 Abs. 1 Nr. 1 RVO. und in § 1312 Abs. 1 RVO. dieselben sind, kann dieser Bescheid, insofern er die unmittelbare Anwendung der Ruhensvorschriften auf den Fall der Schutzhaft des Rentenberechtigten verneint, auch auf die JV. übertragen werden. Im übrigen muß ihm widersprochen werden, weil der Bescheid die

Frage der sinngemäßen Anwendung der Ruhensvorschriften nicht prüft (vgl. nachstehend II).

c) Schwieriger ist die Frage, ob die Schutzhaft der Unterbringung in einer „Besserungsanstalt" gleichgeachtet werden kann (vgl. über den Begriff der Besserungsanstalt i. S. des § 1312 Abs. 1 AN. 07, 547; 08, 438; 10, 465; Entsch. u. Mitt. 14, 280). Diese Auffassung ist im Zentralblatt für Reichsversicherung und Reichsversorgung 1933 Nr. 17 vertreten worden. Wenn sich auch gute Gründe dafür anführen lassen, so ist sie doch, wie Feld (DOK. 1933 Sp. 1045) nachgewiesen hat, abzulehnen.

II. Über sinngemäße Anwendung des § 1312 RVO.

Wenn § 1312 RVO. nach Vorstehendem auch nicht unmittelbar auf den Fall, daß der Rentenberechtigte sich in Schutzhaft befindet, angewendet werden kann, so besteht doch die Möglichkeit und Notwendigkeit einer sinngemäßen Anwendung.

a) Die Rechtsnatur der Schutzhaft ist, wie ich in der „Deutschen Justiz" Nr. 2/34 nachgewiesen habe, folgende: Schutzhaft wird auf Grund des § 1 der Verordnung des Reichspräsidenten zum Schutz von Volk und Staat vom 28. 2. 1933, RGBl. I S. 83, welche den sog. kleinen zivilen Ausnahmezustand eingeführt hat, verhängt. Durch diese Vorschrift sind u. a. die Grundrechte der Unverletzbarkeit der persönlichen Freiheit und der Wohnung (Art. 114, 115 der Reichsverfassung) bis auf weiteres außer Kraft gesetzt. Damit ist die Rechtsgrundlage für Beschränkungen der persönlichen Freiheit „auch außerhalb der sonst hierfür bestimmten gesetzlichen Grenzen" gegeben. § 1 der VO. vom 28. 2. 1933 setzt aber nicht nur die erwähnten Grundrechtsartikel außer Kraft, sondern beseitigt auch alle sonstigen für das Tätigwerden der Polizei auf den angeführten Gebieten gezogenen reichs- und landesgesetzlichen Schranken, soweit es zur Erreichung des mit der Verordnung erstrebten Zieles zweckmäßig und erforderlich ist. Die einzige Schranke ergibt sich aus dem Charakter der Verhängung von Schutzhaft als Maßnahme der Verwaltung: sie unterliegt den Schranken, denen jeder Verwaltungsakt nach den Grundsätzen des pflichtmäßigen freien Ermessens unterworfen ist; sie darf also vor allem nicht willkürlich verhängt werden. Irgendwelche Rechtsmittel sind nicht gegeben (es ist nur Dienstaufsichtsbeschwerde möglich). Die Verhängung von Schutzhaft ist danach zwar eine polizeiliche Maßnahme, aber keine polizeiliche Verfügung im engeren Sinne, sondern ein Rechtsgebilde sui generis, das mit der polizeilichen Verfügung nur gewisse Ähnlichkeiten aufweist[1]).

---

[1]) Vgl. Drews-Lassar, Allgemeine und politische Polizei 1932, Sonderausgabe zu v. Brauchitsch, Verwaltungsgesetzen: Neubert in der Jur. Wochenschrift 1933 S. 2426 ff; Hoche in der Deutschen Juristen-Zeitung 1933 Sp. 391 ff. und 1450 ff.

b) Die sinngemäße Anwendung von § 1312 Abs. 1 RVO. wird durch zwei entscheidende Gesichtspunkte gestützt und geboten: den Zweck des Gesetzes und die Wandlung der Verhältnisse. Das OLG. Celle hat gelegentlich einmal ausgeführt: „Das Recht ist ... nicht etwas ein für allemal Gegebenes und Feststehendes. Das Recht ist vielmehr etwas Lebendiges, das sich mit der Zeit, dem Volk und den zu regelnden Verhältnissen wandelt. Die Gerichte können daher bei der Rechtsanwendung nicht an konstruktive Anschauungen vergangener Jahrzehnte, denen eine Vorschrift ihre Entstehung verdankt, schlechthin gebunden sein. Bei der Auslegung müssen vielmehr die Zwecke des Gesetzes und die Verhältnisse im Laufe der Zeit mehr und mehr überragende Bedeutung gewinnen."

1. Der Zweck des § 1312 Abs. 1 RVO. ist die Vermeidung doppelter Versorgung. Wenn auch die Schutzhäftlinge nicht auf Staatskosten versorgt werden, sondern ihrerseits — sofern nicht Unvermögen vorliegt — die Kosten ihres Aufenthaltes im Konzentrationslager bestreiten müssen, so ist doch ihr Unterhalt gewährleistet. Die Frage der Kostenaufbringung ist eine sekundäre, auf die Frage des Anspruchs auf Unterhalt kommt es allein an. Und dieser Anspruch wird den Schutzhäftlingen in der Praxis nicht abgesprochen (mag er auch hinsichtlich seines Rechtscharakters nur schwierig begründet werden können). Die Sachlage ist daher bei der Schutzhaft derjenigen bei den von § 1312 Abs. 1 RVO. im einzelnen aufgezählten Maßnahmen gleich. Die im § 1312 Abs. 1 im einzelnen aufgezählten Maßnahmen aber als eine Gruppe rein strafrechtlicher Maßnahmen zu verstehen und daraus zu schließen, daß polizeiliche Maßnahmen nach Absicht des Gesetzgebers grundsätzlich nicht unter § 1312 RVO. fallen sollten, dafür fehlt jeder Anhalt.

2. Die Schutzhaft vereinigt in sich die wesentlichen Merkmale der in § 1312 Abs. 1 RVO. aufgezählten Maßnahmen, auch wenn sie mit keiner von ihnen identisch ist. Sie ist zunächst eine Freiheitsbeschränkung (wenn auch nicht eine „Strafe" im engeren strafrechtlichen Sinne). Sie ähnelt der Unterbringung in einem Arbeitshaus und einer Besserungsanstalt, was nicht weiter ausgeführt zu werden braucht. Aus der Natur der Schutzhaft als eines Gebildes sui generis, nämlich der nationalsozialistischen Revolution, aber folgt die Notwendigkeit, Bedenken rein formal-juristischer Art zurückzustellen und bestehende Vorschriften sinngemäß anzuwenden — auch wenn sie nicht wortwörtlich zutreffen —, sofern ihre Anwendung aus dem Zweck der neuen Institution heraus geboten ist. „Denn die nationalsozialistische Revolution ist selbst Rechtsquelle mit unmittelbarer Rechtswirkung. Die anerkannten grundlegenden Prinzipien der nationalsozialistischen Rechtsauffassung sind auch dort als bereits geltender Bestandteil des materiellen deutschen Rechts anzusehen, wo sie noch nicht ihren Niederschlag in formellen Gesetzesbestimmungen gefunden haben. Die formelle Gesetzgebung kann nur allmählich und nach und nach durch Anpassung aller Gesetzestexte diese von Grund ver-

änderte Rechtsauffassung zu Papier bringen. Aber das Entscheidende ist nicht das auf dem Papier stehende, sondern das lebendig im Herzen aller Volksgenossen wurzelnde Recht." (Hoche, a. a. O.)

c) Durch das Ausführungsgesetz zu dem Gesetz gegen gefährliche Gewohnheitsverbrecher und über Maßnahmen der Sicherung und Besserung vom 24. 11. 1933, RGBl. I S. 1000, Artikel 8 und 9, hat § 1312 Abs. 1 RVO. mit Wirkung vom 1. 1. 1934 eine Neufassung erfahren. Die Änderung entspricht dem Zweck des Gesetzes, indem sie das Ruhen der Rente während der Unterbringung des Berechtigten in Sicherungsverwahrung anordnet. Die Begründung hierfür ist dieselbe wie hinsichtlich der gleichen Vorschrift über die Freiheitsstrafen (Vermeidung doppelter Leistung). Die Sicherungsverwahrung ist eine Folge strafgesetzlicher Verurteilung, für sie gilt daher dasselbe, was in den vorstehenden Ausführungen von der Freiheitsstrafe gesagt ist. Die sinngemäße Anwendbarkeit der hier behandelten Vorschrift auf die Schutzhaft wird durch diese Neufassung weder ausgeschlossen noch eingeschränkt. Insbesondere kann daraus, daß die Schutzhaft bei der Neufassung nicht erwähnt ist, nicht auf eine Absicht des Gesetzgebers geschlossen werden, daß § 1312 auf die Schutzhaft keine Anwendung finden soll. Denn Sicherungsverwahrung und Schutzhaft sind ganz verschiedene Dinge. Erstere ist eine Strafmaßnahme, die für dauernd in das deutsche Strafrecht eingeführt ist, letztere dagegen ist eine polizeiliche Maßnahme, die nur vorübergehend, nämlich bis zur Durchsetzung des nationalsozialistischen Staates, Anwendung finden soll (§ 1 der Verordnung vom 28. 2. 1933 setzt Artikel 114 der Reichsverfassung nur „bis auf weiteres" außer Kraft). Im Rahmen eines Gesetzes über Maßnahmen gegen Gewohnheitsverbrecher die Schutzhaft zu regeln, bestand nicht nur kein Anlaß, sondern aus gesetzgeberischen Gründen nicht einmal die Möglichkeit.

d) Ergibt sich sonach nicht nur die Möglichkeit, sondern auch die Notwendigkeit der Anwendung des § 1312 Abs. 1 RVO. alter wie neuer Fassung auf den Schutzhäftling, so besteht zugleich kein Anlaß, diese Bestimmung nicht vollinhaltlich anzuwenden. Ebensowenig, wie es nach den Ausführungen Fuistings in der Arbeiter-Versorgung 1933 Nr. 23, denen zuzustimmen ist, unbedenklich ist, „unter den gesetzlichen Voraussetzungen den Angehörigen des Schutzhäftlings Hausgeld zu gewähren", ebenso berechtigt ist die Anwendung des § 1312 Abs. 2 RVO.

III. Schutzhaft und Ruhen der Versicherungsleistungen.

Eine Entscheidung des Reichsversicherungsamtes.

(Aus: Zentralblatt für Reichsversicherung und Reichsversorgung 1934 Heft 19 S. 440 ff.)

Zu der bislang höchstrichterlich nicht entschiedenen, im Schrifttum stark umstrittenen Frage, ob die Leistungen der Sozialversicherung (vor allem Krankenhilfe und Renten, §§ 216, 615, 1312 RVO.[1]), § 72 AVG.)[2]) ruhen, solange sich der Berechtigte in Schutzhaft befindet, hat eine Entscheidung des Reichsversicherungsamtes vom 20. Juni 1934, II a 1180/34 Stellung genommen. Da ihr grundlegende Bedeutung zukommt, seien ihre wesentlichen Teile ausführlich wiedergegeben.

Es handelte sich um folgenden Fall: Der Kläger, der seit dem 1. Oktober 1930 Invalidenrente bezieht, befand sich aus politischen Gründen in Schutzhaft. Die LVA. hatte die Invalidenrente gemäß § 1312 Abs. 1 (jetzt 1280) RVO. zum Ruhen gebracht und es gleichzeitig abgelehnt, die Rente für die Zeit der Festsetzung des Klägers gemäß Abs. 2 a. a. O. seiner Ehefrau zu überweisen, da er sie nicht überwiegend aus seinem Arbeitsverdienst unterhalten, die Ehefrau sich vielmehr als Reinmachefrau selbst erhalten habe. Der Kläger hatte dagegen Berufung eingelegt, da die Schutzhaft unter keinen der in § 1312 (jetzt 1280) a. a. O. aufgeführten Ruhenstatbestände falle § 1312 (1280) auch z. B. nicht einmal die Untersuchungshaft erfasse. Die Schutzhaft sei nicht eine Strafmaßnahme oder auch nur eine richterliche Sicherheitsmaßnahme, sondern lediglich eine solche polizeilicher, also verwaltungsrechtlicher Natur. Das OVA. hatte den Ruhensbescheid aufgehoben, weil die Schutzhaft nicht der Verhängung einer Freiheitsstrafe oder der Unterbringung in einem Arbeitshause im Sinne des Gesetzes gleichzuerachten sei. Wenn der Gesetzgeber das Ruhen der Invalidenrente auch im Falle der Schutzhaft gewollt hätte, hätte er das gesetzlich festgelegt. Die LVA. hatte dagegen Revision eingelegt. Sie macht in ihr geltend, daß, wie Senatspräsident Fuisting in der ArbV. 1933 S. 361 ff. ausgeführt habe, ein Bedürfnis für die Zahlung der Rente an Schutzhäftlinge schwerlich bestehe. Wenn das Ruhen auch für die Zeit vor dem 1. Januar 1934 fraglich sein könne, so müsse es doch zum mindestens vom 1. Januar 1934 ab eintreten, da von diesem Zeitpunkt ab die Sicherungsverwahrung das Ruhen bedinge und die Schutzhaft der Sicherungsverwahrung gleichzuerachten sei. Das RVA. hat der Revision den Erfolg versagt, indem es folgendes ausgeführt hat:

Nach § 1312 Abs. 1 RVO. alter Fassung ruhte die Invalidenrente, solange der Berechtigte eine Freiheitsstrafe von mehr als einem Monat verbüßt oder in einem Arbeitshaus oder einer Besserungsanstalt untergebracht war. Diese Vorschrift erfuhr durch § 2 Abschn. 2 Kapitel IV Fünfter Teil der Vierten NotVO. vom 8. Dezember 1931 (RGBl. I S. 699, 724) insofern eine Änderung, als der Aufenthalt in einer Besserungsanstalt für sich das Ruhen nicht mehr begründete. Da für den vorliegenden Fall schon die geänderte Fassung des damaligen § 1312 RVO. galt, schied eine

---

1) § 1312 RVO. ist jetzt § 1280 RVO.

2) § 72 AVG. ist inzwischen durch Verordnung vom 17. Mai 1934 (RGBl. I S. 419) aufgehoben.

Parallele mit dem Aufenthalt in der Besserungsanstalt ohne weiteres aus. Das RVA. weist aber darauf hin, daß die geschilderte Änderung des § 1312 RVO. erfolgte, um die Unbilligkeit zu beseitigen, die darin lag, daß regelmäßig die Träger der Kosten der Fürsorgeerziehung infolge des Ruhens der Rente nicht in der Lage waren, sich an die Rente der Zöglinge zu halten. Diesen öffentlichen Dienststellen sollte die Möglichkeit eingeräumt werden, sich die Renten nach § 119 RVO. abtreten zu lassen, oder sie zu pfänden (zu vgl. die Erläuterungen von Krohn, Zschimmer, Sauerborn zur Vierten NotVO., SV. und Fürsorge, Sonderheft „Die Reichsversicherung", S. 177, 178 und Nachtrag, S. 31). Die Träger der Fürsorgeerziehung sollten zuungunsten der Versicherungsträger entlastet werden. Die NotVO. wollte also nicht etwa zugunsten der Berechtigten die Ruhensvorschriften auflockern, sondern sie bezweckte lediglich einen Lastenausgleich zwischen den Trägern der Versicherung und der Fürsorgeerziehung, so daß sich aus dieser Änderung für die rechtliche Beurteilung des vorliegenden Falles nichts herleiten läßt.

Das Reichsgesetz gegen gefährliche Gewohnheitsverbrecher und über Maßregeln der Sicherung und Besserung vom 24. November 1933 (RGBl. I S. 995) führte durch Artikel 2 1a Abschnitt den § 42a in das Strafgesetzbuch ein. Danach wurden als Maßregeln der Sicherung und Besserung:

1. die Unterbringung in einer Heil- oder Pflegeanstalt;
2. die Unterbringung in einer Trinkheil- oder Erziehungsanstalt;
3. die Unterbringung in einem Arbeitshaus;
4. die Sicherungsverwahrung usw.

eingeführt. Sie werden in § 42b bis e behandelt. Nach § 42e ordnet das Gericht, wenn jemand nach § 20a als ein gefährlicher Gewohnheitsverbrecher, verurteilt wird, neben der Strafe die Sicherungsverwahrung an, falls es die öffentliche Sicherheit erfordert. Das auf Grund des Artikels 6 des Gesetzes dazu ergangene Ausführungsgesetz vom 24. November 1933 (RGBl. I S. 1000) hat dann der RVO. den § 119a eingefügt, nach dem der Anspruch auf Rente usw. für einen Berechtigten, der in Fürsorgeerziehung oder auf strafgerichtliche Anordnung in einer Heil- oder Pflegeanstalt, einer Trinkerheil- oder einer Entziehungsanstalt oder in einem Arbeitshaus oder Asyl untergebracht ist, soweit Leistungen für die Zeit der Unterbringung zustehen, bis zur Höhe der Kosten der Unterbringung auf die Stelle übergeht, der diese Kosten zur Last fallen. Dementsprechend sind dann weiter die Ruhensvorschriften der RVO. (§ 216 Abs. 1 Nr. 1, § 615 Abs. 1 Nr. 1 und der hier fragliche § 1312 jetzt 1280 RVO.) im allgemeinen dahin abgeändert worden, daß das Ruhen eintritt, solange der Berechtigte eine Freiheitsstrafe von mehr als einem Monat verbüßt oder in Sicherungsverwahrung untergebracht ist. Nach Artikel 13 trat das Gesetz am 1. Januar 1934 in Kraft. Soweit es sich im Streitfalle um die Zeit vom 1. September bis 31. Dezember 1933 handelt, kam es noch entscheidend darauf an, ob die Unterbringung in Schutzhaft der in einem Arbeitshaus gleichzusetzen ist; für die Zeit seit dem 1. Januar 1934 war zu prüfen, ob die Schutzhaft der Sicherungsverwahrung gleichkommt, und schließlich war für die gesamte Zeit zu untersuchen, ob die Schutzhaft von mehr als einmonatiger Dauer das Ruhen etwa als eine Freiheitsstrafe von entsprechender Dauer auslösen kann. Daß die Schutzhaft weder der Verhängung einer Freiheitsstrafe noch der Unterbringung in einem Arbeitshause gleichzuachten ist, liegt schon nach dem Wortlaut auf der Hand. Denn die Schutzhaft stellt lediglich eine vorbeugende Vorsichtsmaßnahme oder eine erzieherische Maßregel der Verwaltungsbehörde dar, die Freiheitsstrafe dagegen beruht auf der Feststellung einer Straftat durch das Gericht. Die Schutzhaft mag in manchen Beziehungen einer Freiheitsstrafe oder Arbeitshausunterbringung rein tatsächlich ähneln, ist rechtlich aber ganz etwas anderes und unterscheidet sich von ihnen grundlegend in ihren Voraussetzungen, ihren Formen, ihren Wirkungen und zum Teil auch in ihrem Zweck (siehe dazu auch schon den Bescheid des RVA. betr. den entsprechenden § 615 RVO. in EuM. Bd. 35 S. 82 Nr. 5).

Was die Sicherungsverwahrung anbetrifft, so ist sie ein zwar neugeschaffener, aber feststehender rein strafrechtlicher Begriff, den §§ 42a und e in das Strafgesetzbuch eingeführt haben. Die Sicherungsverwahrung in § 1312 RVO. i. d. F. des AusfG. vom 24. November 1933 (jetzt § 1280 d. F. vom 17. Mai 1934) kann daher auch nur in diesem strafrechtlichen Sinne gemeint sein. Die Schutzhaft kann also unmittelbar nicht darunter fallen. Es kann nur noch fraglich sein, ob etwa § 1312 (jetzt 1280) RVO. sinngemäß auf die Unterbringung in Schutzhaft angewandt werden kann, wie Spohr das in der „Deutschen JnvV." 1934, S. 39, vertritt. Das ist zu verneinen. Allein aus dem Zweck der Ruhensvorschriften der RVO. und damit auch des § 1312 (jetzt 1280), der dahin geht, zu vermeiden, daß Personen doppelt versorgt werden, läßt sich eine entsprechende Anwendung nicht herleiten. Denn, wie das RVA. bereits grundsätzlich in bezug auf den ähnlichen § 216 RVO. ausgesprochen (zu vergleichen E 2509 II, AN. 1919 S. 280) und auch sonst allgemein in ständiger Rechtsprechung angenommen hat, sind die Ruhensvorschriften als Ausnahmebestimmungen anzusehen und daher eng auszulegen. Die Tatbestände, die das Ruhen bedingen können, sind in der RVO. erschöpfend aufgezählt. Die Ruhensvorschriften können mithin nicht auf andere als die dort ausdrücklich bezeichneten Fälle angewandt werden (so auch bezüglich des § 216 RVO. die E. des RVA. — II a K. 129/33 — vom 28. März 1934), wenn es auch an sich im Hinblick auf die gesetzgeberische Absicht der Ruhensvorschriften, Doppelleistungen zu verhindern, vielleicht zweckmäßig sein möchte, wegen der Schutzhaft das Ruhen eintreten zu lassen. Andererseits darf aber auch nicht verkannt werden, daß es für den die Schutzhaft vollstreckenden Fiskus nicht ungünstig ist, wenn die Rente dem Berechtigten belassen wird. Denn er kann sich dann wegen der ihm entstehenden Kosten unter Umständen an ihr gemäß § 119 RVO. schadlos halten. Jedenfalls wirkt die Begründung von Spohr, die er für seine Auffassung der mittelbaren, entsprechenden Anwendung der Ruhensvorschriften auf Schutzhäftlinge gibt, nicht überzeugend. Er meint — in Anlehnung an die Ausführung von Hoche in der Deutschen Juristen-Zeitung —, daß der nationalsozialistische Umbruch selbst Rechtsquelle sei und eine sinngemäße ausdehnende Auslegung der alten Vorschriften entsprechend der neuen Zeit gebieterisch fordere, selbst wenn der Wortlaut der Vorschriften entgegenstehe. Es kann demgegenüber nur auf die Ausführungen des Staatssekretärs und Preußischen Staatsrates Dr. Roland Freisler in seiner Abhandlung „Recht, Richter und Gesetz" (Deutsche Justiz, 95. Jahrgang, Nr. 49, Ausgabe A vom 23. November 1933, S. 694 ff.) hingewiesen werden. Danach entspricht es nicht dem Wirkungskreis des Richters, „die geltenden Gebote des Staates zu ändern". Er „hat nicht die Aufgaben, Recht zu schaffen, sondern Recht zu schöpfen", und es würde dem im nationalsozialistischen Reich geltenden Führergedanken widersprechen, wenn jeder einzelne Richter, der den nötigen Überblick über die gesamten Zusammenhänge und Erfordernisse nicht hat, der Führung auf diese Weise vorgreifen und von sich aus Recht, so wie er es versteht, setzen würde (zu vgl. dazu auch die Begr. der E. in EuM. Bd. 35, S. 340 bis 341, Nr. 119). Im Schrifttum ist auch ganz überwiegend die Auffassung vertreten worden, daß wegen der Schutzhaft das Ruhen der Rente nicht eintreten könne (so z. B. die BG. 1933 Spalten 529, 530, 1934 S. 3 linke Spalte, 1934 S. 102, DOK. 1933 Spalte 653 und Spalte 1044). Die vereinzelt auftretende entgegengesetzte Ansicht von Spohr a. a. O. ferner im ZRK. 1933 S. 253 und in der Betr.Bl. 1933 Spalte 467 erscheint durch die vorstehenden Ausführungen widerlegt. Es muß danach dem Gesetzgeber überlassen bleiben, wenn er es für zweckmäßig und notwendig hält, die Ruhensvorschriften entsprechend zu ändern.

In diesen Ausführungen setzt sich das RVA. ausführlich mit der von mir vorgetragenen Begründung für die Ansicht auseinander, daß die Leistungen aus der Sozialversicherung ruhen, solange sich der Berechtigte in Schutzhaft befindet. Das RVA. lehnt diese Ansicht und die dafür gegebene Begründung ab. Es wird dabei dem Wesen der Schutzhaft nicht gerecht. Wie ich in der „Deutschen Justiz" — dem Amtsblatt des Reichs- und des Preußischen Justizministers — 1934 Heft 2 S. 58 ff. nachgewiesen habe, ist die Schutzhaft ein Rechtsgebilde eigener Art, das als wichtiges Mittel zur Sicherung der nationalsozialistischen Revolution ganz ausschließlich nur aus der ihm eigenen Zweckbestimmung heraus zu verstehen und in seinen Auswirkungen zu beurteilen ist. Die vom RVA. herangezogenen grundsätzlichen Ausführungen des Staatssekretärs Dr. Freisler vermögen deshalb den Standpunkt des RVA.

nicht zu stützen. So sehr die Klarstellung zu begrüßen ist, daß der Richter nicht Recht zu schaffen, sondern Recht zu schöpfen hat, so wenig vermag diese Betonung des Unterschieds zwischen Gesetzgebung und Rechtsprechung m. E. gegen die von mir begründete ausdehnende Auslegung der genannten Vorschriften über das Ruhen der Versicherungsleistungen im Falle der Schutzhaft zu sprechen. Denn eine solche ausdehnende Auslegung verstößt in keiner Weise gegen die grundsätzliche Trennung von Gesetzgebung und Justiz, weil sie diese These im Gegenteil selbst anwendet: Das Recht der Schutzhaft ist vom Gesetzgeber geschaffen, aber es ist nicht in allen Punkten vollständig geregelt worden, z. B. außer in seinen versicherungsrechtlichen Seiten auch in seinen arbeitsrechtlichen nicht. Deshalb bedarf es einer richterlichen Auslegung aus dem Sinn und Zweck dieses neuen Rechtsgebildes heraus. „Denn die nationalsozialistische Revolution ist selbst Rechtsquelle mit unmittelbarer Rechtswirkung. Die anerkannten grundlegenden Prinzipien der nationalsozialistischen Rechtsauffassung sind auch dort als bereits geltender Bestandteil des materiellen deutschen Rechts anzusehen, wo sie noch nicht ihren Niederschlag in formellen Gesetzesbestimmungen gefunden haben. Die formelle Gesetzgebung kann nur allmählich und nach und nach durch Anpassung aller Gesetzestexte diese von Grund auf veränderte Rechtsauffassung zu Papier bringen. Aber das Entscheidende ist nicht das auf dem Papier stehende, sondern das lebendig im Herzen aller Volksgenossen wurzelnde Recht." (Hoche, DJZ. 1933 Sp. 1491.) Eine solche ausdehnende Auslegung würde auch in keiner Weise dem staatstragenden Führergedanken widerstreiten, wie das RVA. meint. Staatssekretär Dr. Freisler sagt im Fortgang seiner vom RVA. herangezogenen Ausführungen (in der „Deutschen Justiz" 1933 Heft 49 S. 696): „Das jedenfalls muß unverrückbar feststehen: Das Gesetz, das der Staat geschaffen oder übernommen hat, einschließlich des in fester Gewohnheit zum Recht gewordenen Brauchs, muß die Grundlage der Urteilsfindung sein, und erst, wenn eine Frage zu entscheiden ist, die im geschrieben oder ungeschrieben überkommenen Recht keine normative Beantwortung gefunden hat, hat der Richter unter Berücksichtigung des Zwecks der gesetzlichen Bestimmungen, die für das ihm zur Entscheidung vorliegende Lebensgebiet vorhanden sind, so zu entscheiden, wie er als ordentlicher und gewissenhafter Gesetzgeber den ihm vorliegenden Fall selbst regeln würde. Auch hier wird der Richter nicht zum Gesetzgeber, sondern er findet Recht. Er findet es freilich aus der Gesamtheit der Lebens- und Willensäußerungen der Nation. Er kann sich dabei irren, wie jeder Mensch sich irren kann und wie der Richter sich auch bei der Entscheidung von Fragen, die im geschriebenen Recht beantwortet sind, irren kann, aber er ist im Rahmen seiner Funktionsstellung im Staat geblieben, er hat seine Aufgabe erfüllt."

FSC
www.fsc.org
MIX
Papier | Fördert gute Waldnutzung
FSC® C083411

Kolibri 360 GmbH
Ferdinand-Jühlke-Straße 7
99095 Erfurt, Deutschland
produktsicherheit@kolibri360.de